CASTING DIRECTOR

Un métier de l'ombre

Françoise Ménidrey

CASTING DIRECTOR

Un métier de l'ombre

Pygmalion

Sur simple demande adressée à
Pygmalion, 87 quai Panhard et Levassor 75647 Paris Cedex 13
vous recevrez gratuitement notre catalogue
qui vous tiendra au courant de nos dernières publications.

ISBN 978-2-7564-0432-5

À mes fils, ma force.

1

UN CASTING QUI FAIT « BOUM » !

Sophie Marceau : « Jolie, intéressante, mais... »

Il en va ainsi dans la vie, quand un événement surgit pour marquer le destin d'une pierre blanche : il y a un « avant » cet événement, et un « après ». Pour ma part, *La Boum* s'inscrit en lettres d'or au générique de mon propre parcours. Avant ce film, devenu culte, de Claude Pinoteau, je n'étais encore qu'une chercheuse d'acteurs de pub, une sorte de pro du casting pour acteurs anonymes ou stars en devenir, selon les cas. *La Boum* m'a propulsée au générique de centaines de grands films, faisant de ma modeste personne l'un(e) des dénicheurs de talents les plus réclamés du cinéma français.

*

J'ai les genoux soudainement un peu faibles, ce jour de 1979, quand je reçois un appel de la Gaumont : Claude Pinoteau me demande de chercher les acteurs de son prochain film, *La Boum*. Le réalisateur vient de signer *Le Silencieux* et *La Gifle*, deux grands succès autour de Lino Ventura.

Rendez-vous est pris avec le directeur des productions au siège de la Gaumont, à Neuilly. Un peu intimidée, je me retrouve sur le moelleux d'un fauteuil en cuir des années soixante-dix, dont je constate la position basse, en contre-plongée de celui de ce magnat de la « prod », très satisfait de placer ainsi ses interlocuteurs dans une position déstabilisante.

Les paroles qui suivent collent parfaitement avec cette petite mise en scène : « Il n'est pas dans nos habitudes de nous adresser à un directeur de casting ! » me lance-t-il, tout en m'indiquant le montant – ridicule – d'un salaire que je ne suis pas en mesure de refuser. Ma revanche consiste alors à « oublier » de lui dire que je suis enceinte de trois mois... Un détail qui le rendra furieux plus tard, quand il l'apprendra, mais dont je réserve la primeur à Claude Pinoteau, en tête à tête.

L'enjeu est important, car le scénario repose sur les épaules d'une gamine vedette, imaginée au départ sous la silhouette gracile d'une danseuse de l'Opéra, une adorable et pénible adolescente. À moi de dénicher, en chair et en os, les traits, la voix, les mimiques, et, bien sûr, la beauté, voulus par Claude Pinoteau et Danièle Thompson, auteur du scénario. Attentive au moindre détail, je note les directives du cinéaste, avant de me lancer à l'assaut de cette joyeuse pêche miraculeuse. Une aventure de quatre mois, autant dire un siècle, quand on sait qu'un casting se boucle en trois semaines maximum.

Quelques essais peu convaincants à l'école du ballet de l'Opéra – où nous avons quand même trouvé Alexandra Gonin pour incarner Pénélope, la petite marrante qui joue la meilleure copine de Vic dans le film – incitent Claude à recadrer son histoire et à redessiner son héroïne sous les traits d'une simple collégienne. Ce qui a pour effet d'ouvrir l'angle de notre recherche, et de provoquer, dans mon for intérieur, quelques palpitations fâcheuses pour mon état de future mère… J'ai déjà failli perdre mon fils avant même le début de cette aventure, et je redoute que ce marathon ne lui soit fatal.

En ces temps de liberté inouïe comparée à celle dont nous disposons aujourd'hui, nous étions libres alors d'entrer dans les collèges pour filmer des jeunes filles attirées par le cinéma. Ma grosse caméra Betacam sur l'épaule, un magnétocassettes en bandoulière, me voilà transformée en reporter de terrain, lancée à la poursuite de « la » collégienne, à la fois simple et irrésistible, une collégienne aussi vraie que nature, capable de garder toute sa fraîcheur et son naturel au son du redoutable « moteur ! ».

*

Un défilé de visages et d'interviews rythme alors mes journées ; je vois des gamines par dizaines, avec, dans ma tête, cette précieuse jauge instinctive qui se déclenche pour évaluer chaque nouvelle postulante, et la ranger d'office dans l'un de ces deux tiroirs : les « possibles » et les « non ». J'emmène ma sélection de « possibles » pour un bout d'essai dans les bureaux de la Gaumont. Mais, après deux semaines de chasse aux collégiennes, mon cahier de notes est surtout zébré de prénoms barrés d'un coup de stylo : pas de Vic à l'horizon.

La nuit, il m'arrive de cogiter sur toutes ces frimousses croisées la veille. Les semaines s'enchaînent ainsi sans aucune touche, et mon moral menace de se fissurer. C'est alors qu'au fil de mes déambulations, de cours de récré en salles de permanence, je me retrouve, rue des Petits-Champs, au seuil de Vogue, une agence de casting pour enfants et adolescents spécialisée dans la pub. La loi lui interdit de proposer des ados pour le cinéma mais je connais bien cette adresse, régulièrement fréquentée au cours de mes précédents castings de pub, et j'obtiens facilement son autorisation de consulter l'épais fichier.

Mes yeux balaient alors des dizaines et des dizaines de visages, sans ressentir le moindre déclic. C'est au moment où je m'apprêtais à refermer le classeur, d'un claquement rageur, qu'une presque jeune fille me regarde malicieusement, comme si elle sortait de cette toute petite photo en noir et blanc pour me souffler : « C'est moi. » Elle s'appelle Sophie Maupu, elle a treize ans et demi. J'apprends qu'elle est venue s'inscrire quelques jours plus tôt pour gagner un peu d'argent de poche pendant les vacances scolaires. J'ai découvert Vic ! Du moins, physiquement. De retour à la Gaumont, je décroche mon téléphone pour appeler les parents de l'adolescente.

*

Mais... je simplifie l'histoire. Puisque j'ai décidé de tout dire dans ce livre – ou presque –, puisque je me dois – pour être parfaitement honnête – de raconter les méandres qui conduisent au succès d'un film par la recherche de ses acteurs, je me dois aussi d'en montrer toute la complexité. Car, parallèlement à ce casting sauvage qui consiste à déceler, parmi des jeunes gens ordinaires, ces graines de stars qui exploseront devant les projecteurs, les réalisateurs misent tout autant sur le talent d'élèves comédiens, inscrits dans des cours de théâtre, et qui ont déjà accompli quelques débuts prometteurs devant les caméras et sur les planches.

Parmi les élèves convoquées aux essais de *La Boum*, on trouve notamment deux superbes jeunes filles qui, un jour prochain, feront parler d'elles : une certaine Mathilde Haïm, future Mathilda May, et Cristiana Reali. Je propose d'y ajouter une demoiselle totalement inexpérimentée de treize ans et demi, dont j'ai entendu vanter la beauté spectaculaire. Elle se prénomme Emmanuelle et est la fille cadette de Guy Béart. Je tente de joindre ce grand nom de la chanson française… lequel m'envoie bouler d'une réplique qui prête aujourd'hui à sourire : « Ma fille ne fera jamais de cinéma ! »

Finalement, c'est Danièle Thompson qui parviendra à convaincre le papa chanteur de laisser venir sa fille aux essais. Mais la beauté, primordiale dans ce métier de comédienne, n'est pas tout. Ces trois futures stars sont magnifiques, elles ont – déjà ! – du talent, et pourtant… elles ne sont pas Vic.

*

Cette fois, la petite de la photo en noir et blanc s'avance vers moi, escortée par son père. Un grand pull flottant masque la féminité naissante de ses treize printemps. Timide, mal dans sa peau comme on peut l'être à cet âge, Sophie ne lâche pas un mot. Tout juste si je parviens à attraper son regard sous une frange au ras des cils. J'essaie d'animer une conversation poussive :

— Ça te plairait de faire du cinéma ?

— J'sais pas.

On se quitte au bout de cinq minutes, le temps pour moi de noter une jolie silhouette – malgré le pull mode années soixante-dix ! –, un beau sourire – qu'elle finira par me décocher en partant – et finalement, un côté « ado butée » qui n'est pas sans accroche avec le personnage. La porte se referme et je griffonne à la hâte ces quelques mots : « Jolie, intéressante, mais un peu loukoum. » Et c'est ma quarante-deuxième interview.

Quelques jours passent, et je la rappelle.

— Sophie, tu veux bien me lire un bout de texte ?

— Mouais…

Retour dans mon petit bureau de la Gaumont. Je lui tends une scène à lire. Et là, coup de foudre : Sophie est d'une justesse incroyable ! Cette fois, je ne lui pose plus de questions : elle doit absolument faire un essai devant la caméra de Claude Pinoteau.

Quelques semaines plus tard, après les rushes pourtant encourageants de Mathilda, Cristiana, Emmanuelle, et des grappes de collégiennes « pas mal », c'est donc au tour de Sophie de se retrouver sous les projecteurs. Nullement impressionnée, elle y va… comme si elle n'y allait pas. Elle ne joue pas Vic, elle EST Vic, formidable d'aisance, de naturel, de tendresse et de charme. Les mots filent tout seuls : « Le jour où un mec sera amoureux de moi, je le ferai souffrir horriblement. (…) J'ai une p'tite boule, là. C'est désagréable. »

J'avoue ne plus être capable, aujourd'hui, de regarder cette scène désormais mythique que j'ai entendu dire des dizaines de fois, de toutes les manières possibles, par tant de fausses collégiennes qui, malgré leurs efforts, restaient étrangères à l'histoire. Dans la bouche de Sophie, sous les traits souples de son visage expressif, les répliques du tandem Pinoteau-Thompson deviennent des pans de vie.

Claude exulte. Il a sa Vic ! Mais pas d'effusion chez cet homme pudique. Comment imaginer, alors, le raz de marée qui se produira dans les salles ?

*

Le tournage se déroule dans une atmosphère d'exaltation teintée d'angoisse : Sophie est tellement Vic qu'elle est devenue irremplaçable. Une épée de Damoclès caresse la nuque de Pinoteau : plus de Sophie = plus de film ! Aucune doublure ne se tient en coulisses, prête à reprendre le rôle, au cas où… Sophie est chouchoutée, couvée. Elle n'en revient pas : elle est tombée dans le cinéma par hasard, elle ne savait pas qu'elle était capable de faire ce qu'on lui demande, et qui lui réclame, à elle, si peu d'efforts.

Les mots jaillissent de sa bouche comme s'ils étaient les siens, elle pique une colère sur commande, se love contre un garçon (et parfois contre un technicien qui joue son partenaire invisible, dans ces zooms où on ne voit qu'elle) comme s'il s'agissait de son amoureux… Il suffit de crier « moteur ! » et la petite-bourgeoise de *La*

Boum oublie sa propre identité : Sophie Maupu, jeune fille ordinaire de Gentilly, dont le papa est chauffeur routier et la maman, démonstratrice dans un grand magasin. Le destin de Sophie Marceau est en marche.

Le mien aussi.

2

ÊTRE NÉE QUELQUE PART…

Et en sortir

Je le dis souvent à propos de *La Boum* : si je n'avais pas repéré Sophie, un autre l'aurait fait à ma place. Je ne crois pas au hasard, je ne crois qu'au destin. Il était écrit que Sophie Maupu deviendrait Sophie Marceau. Elle a eu son étoile, elle s'y est accrochée. Courageusement, intelligemment. En dépit de quelques erreurs parfois douloureuses, de choix qui n'en furent pas toujours à ses débuts, tant la pression est forte sur les épaules d'une jeune actrice à la merci de certains prédateurs, plus exercés à se servir qu'à donner.

Plus de trente ans après notre première rencontre, je la vois toujours, au hasard de ses tournages, elle qui unit désormais des talents de réalisatrice à ceux de comédienne. On se retrouve pour prendre un café, et c'est un vrai bonheur que de bavarder avec cette femme qui évolue si bien, une femme épanouie, qui mûrit en beauté. Une femme normale. La clé, pour tenir le choc dans cet univers impitoyable : rester normal(e).

La Boum fut un cadeau du ciel pour la carrière de Sophie, mais un cadeau empoisonné pour cette jeune fille à la jeunesse forcément bâclée. Il lui a fallu gérer cette notoriété si violente quand elle vous tombe dessus à quatorze ans. Devenir une icône pour tant d'inconnus et, dans le même temps, une presque étrangère aux yeux de son entourage qui a perdu la gamine des HLM et rejette d'autant la star. Pas facile.

Je n'y ai pas pensé sur le coup mais, à la lumière de ce qui m'est arrivé à moi, numéro trois d'une famille de neuf enfants, je me fais aujourd'hui cette réflexion : si j'ai su flairer le potentiel de Sophie, passer outre sa bougonnerie d'adolescente de Gentilly, c'est peut-être aussi parce que je suis moi-même issue d'un milieu simple, beaucoup plus modeste encore que le sien, un milieu ouvrier au sein duquel j'ai été aimée, un monde dont je suis fière, mais dont j'ai voulu m'affranchir à tout prix.

*

Ma mère, que j'admire profondément et qui parle peu, et surtout pas de mon métier, m'a fait un jour cette confidence : « Dès l'âge de tes six ans, j'ai su que tu serais différente de tes autres frères et sœurs (dont l'une a quand même fait beaucoup mieux que moi, puisqu'elle a accompli de longues études, et qu'elle est aujourd'hui directrice financière de la banque BNP-Paribas Immobilier !). Je savais que tu ne resterais pas parmi nous. »

J'ai grandi à Arcueil, dans une famille où la pauvreté se vit comme un statut inéluctable, à la limite de la fierté. Mon père, homme courageux mais d'une sévérité à l'ancienne – à la dure ! –, était chauffeur livreur. Nous avions du mal à l'aimer tant nous le craignions. À table, il posait le martinet à côté de l'assiette, ce qui avait pour effet de calmer nos ardeurs de futurs adolescents… forcément respectueux. Mon père était communiste. Les riches étaient des bourgeois, des étrangers. Il nous disait : « On est des ouvriers, on doit rester des ouvriers. »

Mais moi, chaque soir, dans la minuscule chambre aux rideaux fleuris que je partageais avec ma grande sœur, je faisais ma prière pour devenir une princesse. Et le dimanche, je me rendais toute seule à la messe. Pour moi, c'était joli, la messe. Elle était dite en latin à l'époque, je ne comprenais rien, mais cet « ailleurs » aux dorures parfumées d'encens me sortait de la grisaille ambiante. En dépit des interdictions de mon père – dès l'âge de quatorze ans, il ne m'a plus laissée aller à l'église –, je suis restée croyante. Pas forcément catholique, cependant, mais croyante. Je me suis toujours sentie accompagnée, sûre que quelqu'un, là-haut, veille sur moi.

*

Ma mère. Quelle femme extraordinaire ! Je la trouve plus formidable encore, avec le recul, après toutes ces années que j'ai vécues dans les coulisses du cinéma, entourée de stars capricieuses. Les entendre regimber de n'avoir « que » huit cent mille euros pour un film, ou réclamer d'urgence au concierge d'un palace, que leur suite soit repeinte en rose ou en bleu au gré de leurs humeurs, n'a fait que conforter mon admiration pour cette femme. Elle a mis au monde neuf enfants sans jamais se plaindre ! Elle savait toujours rester digne, taire ses soucis, s'adapter aux conditions d'une existence difficile.

Naturellement, tous les enfants participaient à la marche de la maisonnée. L'une de mes missions personnelles consistait à pouvoir acheter une liste interminable de courses avec un unique billet de cent francs, exploit dont j'essayais de triompher en choisissant les articles les moins chers de la supérette. Mais, forcément, ça ne rentrait jamais dans le budget.

Toute jeune, vers six ou sept ans, je rapportais chaque jour sept baguettes de pain que je levais très haut en les serrant dans mes bras pour qu'elles ne touchent pas le sol. Du coup, les quignons de pain me dominaient d'une tête et j'avais l'impression que les baguettes étaient plus grandes que moi ! Souvent, j'en profitais pour m'acheter un petit gâteau que je grignotais en douce sur le chemin, entre la boulangerie et la maison. J'ai su plus tard que ma mère fermait volontairement les yeux sur ce doux plaisir que je m'accordais sans sa permission, et qu'elle jugeait finalement mérité…

Pour elle, une vie dure, peu de joie, et un état presque permanent : être enceinte. Nous arrivions tous les uns derrière les autres, enfants non désirés la plupart du temps, mais toujours aimés. Jamais un mot, alors, à ce sujet. Les discussions, les bisous, les confidences ne s'inscrivaient pas au menu de ce genre de vie, polluée de toutes sortes de problèmes à résoudre.

Avec mon frère aîné, nous disposions d'une boussole bien à nous. Elle nous indiquait de manière quasi infaillible s'il y avait un risque de voir notre mère s'arrondir à nouveau : le petit café du matin. Dès qu'elle n'en prenait plus, c'était le signal d'alarme : ça y est, encore un ! Et ça ne loupait pas. Il nous faudra attendre des années, à nous, ses enfants, pour l'entendre évoquer sa fertilité si prolixe, et nous dire avec sa fraîcheur inimitable : « À peine j'avais posé ma jupe sur la chaise que j'étais déjà enceinte ! »

Je suis donc la troisième de la fratrie, née un dimanche de Pâques, entre deux rangées d'internes en médecine venus à la maternité « pour apprendre à accoucher ».

Entourée d'hommes, déjà ! Malédiction, ou heureux présage ?

*

Chaque petit nouveau – chaque petite nouvelle, surtout, puisque nous sommes sept filles pour deux garçons – réduisait encore un peu plus notre surface habitable. J'avais onze ans quand nous avons quitté un minuscule logement vétuste pour emménager dans un appartement HLM de 65 m^2, avec balcon donnant sur un parc ! Merveilleux. Et, bientôt, merveilleusement… étroit. Nous étions alors six enfants mais, un peu plus tard, ce fut une tribu de neuf marmots qui faisait la queue pour aller aux toilettes – un seul cabinet pour onze personnes ! Et comme mes parents étaient d'un naturel très généreux, ils eurent l'idée sublime d'accueillir un de nos cousins : douze ! Quelques années après, ma dernière petite sœur est arrivée pour « boucler la boucle », libérant ainsi définitivement notre jeune maman de quarante et un ans, soulagée d'en avoir fini avec les langes…, croyait-elle. Car ma sœur aînée eut l'idée, à son tour, de tomber enceinte. Treize !

De quoi me dégoûter des grossesses, et je me promettais, en mon for intérieur, de ne jamais avoir d'enfants.

*

Je suis la première de la famille à décrocher mon certificat d'études, un cap important à l'époque, qui honore ses détenteurs d'un vrai bagage minimal d'instruction. Puis, je passe mon brevet et me lance sur le marché du travail. J'avance alors à tâtons, sans trop savoir ce que je veux, mais avec, déjà, un flair, une intuition qui me pousse à écarter de mon chemin tout ce qui pourrait nuire à cette envie de sortir de ma banlieue, de vivre une autre vie.

J'agis donc sans idée préconçue avec, pour unique baromètre, ce que j'appelle l'instinct d'élimination. Autrement dit, si je ne sais pas à quel type de travail je suis vouée, en revanche, je sais très vite détecter les jobs qui ne me conviennent pas. Ainsi du travail en usine, expérience dissuasive bien vite chassée de mon paysage.

Je viens de fêter mes quatorze ans quand je me retrouve huit heures par jour à dévisser des écrous dans une usine de condensateurs de radio. Travail vraiment pénible ! Au bout de trois jours, j'ai les doigts en sang. Mais le plus rédhibitoire, à mes yeux, c'est la vulgarité des femmes enfermées dans cet univers clos. Chez nous, nous étions pauvres, mais pas vulgaires. Un soir, je rentre à la maison, et je me dis : « J'arrête, c'est pas pour moi. »

Je retourne à l'école, essaie de passer un CAP de comptable, le sésame de l'époque pour être certain d'obtenir du travail. L'été, j'enchaîne les petits boulots : vendeuse sur les marchés, apprentie aide soignante au service gérontologie de l'hôpital Cochin, où on me demande de nettoyer le carrelage et… les patients. Non, pas ça non plus !

Je m'oriente alors vers le secrétariat. Cap, donc, sur une société d'assurances, où je me retrouve, parmi une trentaine de dactylos en blouse bleue, à polycopier (technique permettant de dupliquer, avant l'arrivée de la photocopie) une pile de documents en un temps record, sous l'œil impitoyable d'une cheftaine qui stimule les « trop lentes » d'un coup de baguette sur les doigts. *Exit* la société d'assurances !

Et me voilà bientôt embauchée par un syndic d'immeuble parisien. Pas pour longtemps, car j'ai pour patron un vieil alcoolique aux mains baladeuses… que je quitterai en prenant les jambes à mon cou. J'ai dix-sept ans alors, et me réfugie dans le bar d'à côté. En larmes, je commande un café. Mon attitude désespérée éveille l'attention d'un homme en costume-cravate, venu boire un café, lui aussi. Il est avocat, son cabinet se situe à deux pas de la brasserie. Je lui raconte mes affres de jeune apprentie. Il me promet de m'aider à trouver un autre travail.

*

Dix jours plus tard, je suis engagée comme aide-comptable dans une société de travaux publics. Je crois m'évanouir quand on m'annonce mon salaire : huit cents francs par mois, plus quatre francs d'indemnité de repas. De retour à Arcueil, je suis fêtée comme une gagnante du *jackpot* ! Il va de soi que je donne à mes parents la quasi-totalité de ce que je gagne. En fait, je découvre bien vite que j'ai le bulletin de paie le plus léger de tous les employés de la boîte, tous mieux rémunérés que moi. Peu importe ! Je m'accroche d'autant plus que j'espère bientôt pouvoir m'échapper de la comptabilité (qui ne m'a jamais intéressée) pour faire du secrétariat.

Le samedi suivant, je me rends à la foire à la ferraille avec mon père, à la recherche d'une vieille Underwood, machine lourde et noire aux touches rondes cerclées d'un liséré métallique, devenue désormais une star des vieux polars d'Hollywood ! On rapporte le monstre à la maison et, chaque soir, je m'exerce à taper. Il faut frapper fort sur des touches dures qui se coincent quand on accélère, et j'y laisserai un à un tous mes ongles d'apprentie dactylo. Je m'invente même une sténo personnelle, sorte de langage abrégé non réglementaire, que je suis seule capable de déchiffrer, mais diablement efficace… puisque, aujourd'hui encore, je m'en sers pour prendre des notes à toute vitesse !

Cette fois, mes efforts sont payants et j'obtiens une place de secrétaire dans un vrai bureau, toute contente d'effleurer les touches dociles d'une belle machine à écrire. À vingt ans, quelle promotion ! Il est temps, d'ailleurs, que je quitte la maison. Avec une amie, nous décidons de partager un deux-pièces de 30 m^2, avenue de Suffren. Je me revois m'accouder à la fenêtre et prononcer ces mots à voix basse : « Maintenant, tu es libre d'aller et venir comme bon te semble. Paris est à toi ! »

*

Le P-DG de la boîte est un plutôt bel homme de quarante ans. Il est marié, père de quatre enfants, me fait une cour assidue... à laquelle je finis par céder. Ce grand patron m'intimide. Sans doute devrais-je fuir, mais je reste. Il est plus âgé que moi, certes, mais il a du charme. Me voilà prise dans les filets dorés de ce schéma classique, connu de beaucoup depuis toujours : devenir la maîtresse d'un homme marié, un homme qui va me guider, me hisser vers le haut.

Il m'emmène en voyage dans les plus beaux hôtels du monde ; il me couvre de cadeaux, m'offre des vacances – parfois même sans lui –, et m'écrit des lettres enflammées en me disant « vous ». De nos jours, vu de loin, ça pourrait ressembler à l'achat d'une très jeune femme par un homme riche, mais dans mes yeux d'alors, cela reste flou. Je me laisse porter par ce qui m'arrive. Comment dire « non » à cette vie de princesse que j'appelais autrefois de mes vœux, dans mon petit lit en bois blanc, comment refuser cette ouverture sur le monde qu'il me fait découvrir à chaque instant ?

Me voilà bientôt installée dans un bel appartement du 15e arrondissement. J'ai vingt et un ans quand je prends le tout premier bain de ma vie. Sentir son corps glisser doucement sous la mousse frémissante d'une grande baignoire blanche. Quel délice !

Mais… la « princesse » a vraiment tout à apprendre. Un soir qu'il m'invite dans un très beau restaurant de Tel-Aviv, on m'apporte une coupelle d'eau chaude dans laquelle flotte une rondelle de citron. Toujours attentive à me plier à ce qu'on attend de moi, je la bois d'une traite !

Il s'appelait Henri. Lui m'aimait, et moi je l'aimais beaucoup. Je resterai quatre ans à l'abri de ses bras protecteurs. Plus tard, beaucoup plus tard, je lui dirai ce rôle clé qu'il a joué dans ma vie, sa place déterminante dans mon parcours. Il fut mon premier Pygmalion.

*

Et puis… ce qui devait arriver arrive. Je suis amoureuse. Il est journaliste, il est envoûtant. Je ne sais pas encore que les brûlures de la passion peuvent calciner, et que je vais y laisser des plumes…

Mais cet amour-là tombe à pic. Depuis quelque temps déjà, je ressens le poids sourd de cette vie douillette sans perspective. À vingt-trois ans, je me suis fait mon trou. J'ai un bon job puisque j'ai atteint le grade convoité de secrétaire de direction ; je vis dans un appartement de fonction. La journée, je gère des courriers qui parlent de chantiers, de *caterpillars* et de grues. Toutes ces lettres sont, d'office, dactylographiées en double, grâce au fameux papier carbone, sorte de feuille de soie nappée d'encre à manipuler avec grâce, sous peine de commettre des trous et des taches ! Et je commets des trous, et quelques taches…

Le soir, je rentre dans mon petit appart. Seule. Assise devant mon assiette, j'essaie d'avoir faim : la solitude me pèse, et le confort de ma nouvelle vie ne comble pas ce manque que j'éprouve à tout instant quand bourdonne dans ma tête la cacophonie rassurante des grandes tablées de mon enfance.

*

Un matin pas comme les autres, je me pose une question au parfum de dynamite : pourquoi me lever tous les jours à sept heures ? Suit un bilan qui, chez moi, revêt aussitôt des allures de *starter* : pas de mari, pas d'enfants, un travail guère passionnant. *Ciao !* C'est un de mes péchés de jeunesse : agir tout de suite, sans vraiment prendre le temps de réfléchir, comme si un trop-plein de réflexion risquait de me détourner de mes désirs véritables.

Sept ans presque jour pour jour après y être entrée – un vrai bail ! –, je quitte la grande entreprise de travaux publics. Comme ça, sans même avoir la garantie de trouver un autre job ! Tout juste ai-je pris soin d'obtenir deux menus privilèges : conserver la machine à écrire performante du bureau, et rester dans mon petit appartement de fonction… à charge, pour l'avenir, d'en régler le loyer.

Nous sommes au cœur des années soixante-dix, années de prospérité et d'insouciance, si on les compare à celles de maintenant : pas de SIDA, peu de chômage. Et pourtant, ce choix radical de changer de vie me plonge dans une galère qui va durer des mois, le temps de lier connaissance avec des univers plus passionnants que les chantiers et les grues, certes, mais sans vrai gagne-pain régulier.

*

Me voilà happée dans un tourbillon de jobs à la petite semaine. Le premier du genre consiste à taper à la machine des traductions de bouquins, écrites à la main. Quatre francs la page ! Puis, j'obtiens ma toute première place dans l'univers du spectacle : secrétaire d'un agent officiant pour le compte d'illustrateurs et de photographes de mode. À moi de passer des coups de fil aux agences de mannequins. Mais l'agent en question est une femme dépressive, couturée de problèmes de cœur. Et comme elle prend mon épaule pour un divan de psy, une fois de plus, je m'enfuis…

Jusqu'à ce que je croise sur mon chemin le « plutôt bel homme » P-DG. Notre liaison amoureuse est finie, mais il m'invite, en toute amitié, avec des amis et en famille, à venir pour quelques jours sur un très beau yacht. Je ne mange pas toujours à ma faim, en ce temps-là. Comment ne pas accepter ? À bord, je fais la connaissance d'un scénariste, ami du P-DG. Nous accostons au port de Bonifacio et là, Claude Brasseur nous rejoint.

Le soir, il nous entraîne tous sur l'île de Cavallo, où Jean Castel fête ses soixante ans. Nullement impressionnée – car les vedettes de cinéma ne m'ont jamais impressionnée –, j'explique tout simplement à Claude que je cherche du travail. Justement, il s'apprête à tourner *Attention les yeux*, un film de Gérard Pirès avec, à ses côtés, Jean-Louis Trintignant, Guy Marchand, Serge Marquand, Anémone et Daniel Auteuil dans un tout petit rôle. Pas un mot sur le thème du film, que je ne vais pas tarder à découvrir…

*

Un matin de juillet 1974, une semaine à peine après la promenade en yacht, je me retrouve assise sur l'une des banquettes rouges du

Fouquet's, endroit dont je n'ai point entendu parler et où je me promets tout de suite de ne jamais remettre les pieds, tant le café y est cher ! On me présente à Pierre Braunberger, producteur connu et respecté, un chauve briseur de rêves qui accueille les nouvelles recrues avec des réflexions du genre : « Pour faire du cinéma, ma petite, il faut payer ! » Finalement, il m'embauche comme stagiaire à la mise en scène pour cent francs par semaine. Ça tombe bien, mon loyer est de quatre cents francs par mois ! Car le sémillant journaliste a pris le large, et j'habite désormais un studio, rue Lepic à Montmartre.

J'accepte ce boulot, les yeux fermés, avant de les rouvrir… rouge de honte, dans un *sex-shop* de la place Pigalle. J'ai dû faire au moins dix fois le tour de la boutique à la vitrine aux guêpières rouges, avant d'oser plonger dans les plumes noires du rideau d'entrée ! Là, je me retrouve face à trois hommes, dont le vendeur. J'ai une liste d'accessoires pornographiques à dénicher pour *Attention les yeux*, dont je connais maintenant le thème : une parodie de film porno ! Un filet de voix s'échappe de ma bouche desséchée pour énoncer un à un lesdits objets. Impassible – et peut-être un brin sadique –, le vendeur me demande de hausser le ton.

C'est le tout premier jour de cinéma de ma vie, et je commence à émettre quelques doutes sur mes aptitudes à travailler dans cet univers…

Ai-je raison de tenter cette aventure ? Serai-je à la hauteur des défis qui m'attendent ?

Question inutile quand il s'agit d'avancer, et que l'adversité est là, si précieuse parfois, pour triompher de certaines peurs. Et j'enchaîne cet essai, finalement concluant, avec un autre poste de deuxième assistante, qui consiste, cette fois, à effectuer des repérages pour dénicher les décors d'un film de William Klein, *Le Couple témoin*, avec Anémone et André Dussollier. Cauchemar ! Je m'égare souvent, les photos tirées sur Polaroid sont mauvaises. Exigeant, charismatique, Klein ne me fait pas de cadeau : « Mais quelle idiote ! T'es nulle ! » Le soir, de retour à la maison, je mâche un sandwich en versant toutes les larmes de mon corps. La sentence du metteur en scène me poignarde : « Nulle ! »

Je ne devais pas l'être complètement en fait, puisque William Klein me rappelle quelque temps plus tard pour me confier un autre poste de deuxième assistante, mais, cette fois, sur un film de pub. Les spots publicitaires représentent une activité lucrative pour les metteurs en scène, qui peuvent ainsi gagner leur vie entre deux films.

*

Richard Jacob me reçoit. C'est le producteur de 1/33 Productions, une boîte de pub dont je vais devenir l'un des maillons forts. Mais les mots que nous échangeons alors donnent une idée précise du chemin qu'il me reste à parcourir :

— Tu veux bien faire du casting ?

— Du casting ? Qu'est-ce que c'est ?

3

GÉRARD LANVIN EN ERAM, MICHEL BLANC EN GOÛTEUR DE SARDINES

Flash-Back sur mes années « pub »

Le tout premier clap de ma carrière, le vrai pas décisif vers ce métier du casting dont je vais progressivement découvrir toutes les ficelles, c'est la pub. Nous sommes en 1976, quatre ans avant *La Boum*. À cette époque, la vie quotidienne livre chaque jour un nouveau visage. Les supermarchés deviennent des hypermarchés taille XXL, ils nous inondent de produits en tout genre. La bouffe, les vêtements, les loisirs, tous ces plaisirs de la vie portent un nom, une marque. On ne dit plus qu'on part en voyage, on va au Club Med. On chausse des Eram, on mastique des Chamallows.

Au cœur de ces années soixante-dix, la mode devient une sorte de diktat auquel personne ne peut échapper : quelle jeune femme d'alors oserait bouder le jean ? C'est la grande vague des stars de la pub, ces vendeurs de rêve qui fouettent le business à coups de slogans créatifs. Les spécialistes de la « com » s'affirment en gourous dont on boit les paroles. Ils bénéficient de budgets publicitaires énormes, et ils n'hésitent pas à confier leurs spots à des grands noms du cinéma.

Jean-Paul Rappeneau, Jean-Jacques Annaud, Georges Lautner : c'est par la publicité, et grâce à elle, que j'ai eu la chance de faire leur connaissance, puis de travailler à leur côté.

*

Me voilà donc novice sur cette planète pub et son grain de folie, ce zeste d'artistique auquel je suis censée participer en trouvant des gueules, des voix, des silhouettes. Mon premier sujet n'est pas si mineur qu'il en a l'air : une pub Eram signée Lautner. Georges Lautner est alors un cinéaste très en vogue, qui enchaîne les longs métrages et les succès : *Il était une fois un flic*, *Quelques messieurs trop tranquilles*, *La Valise*, *Les Seins de glace*, *On aura tout vu*. Ses acteurs fétiches s'appellent Alain Delon, Jean-Pierre Marielle, Pierre Richard et surtout, plus tard, Jean-Paul Belmondo, dans *Flic ou voyou*, *Le Guignolo*, *Le Professionnel*.

« *Eram, il faudrait être fou pour dépenser plus* ! » L'increvable slogan donne le « la » de ces films plus délirants les uns que les autres, ceux d'Étienne Chatiliez notamment, mais dans les années quatre-vingt. Les pubs Eram jouent sur le registre de la pub décalée, celle qui plonge le téléspectateur dans un univers extravagant pour lui vanter la valeur inestimable d'un accessoire basique à prix accessible. Dans ce spot-là, Lautner choisit de mettre en scène les plus grandes « pointures » de la planète. Des chefs d'État, des monstres de la scène internationale dont il s'agira de découvrir le trésor caché : leurs chaussures.

La mission qui m'est confiée pourrait avoir des allures de chasse au dahu, mais Richard Jacob me la présente très sérieusement : dénicher des sosies de Kennedy et de Khrouchtchev ! « Mais comment fait-on pour trouver des acteurs ? » Je suis là, face au visage impassible du patron de 1/33 Productions, guettant sa réponse tel l'indice d'un roman policier. Mais il m'envoie gentiment valser avec un large sourire : « On se débrouille ! À toi de jouer ! »

Pas d'adresses, pas de connaissances, mais une bonne vue et un moral à toute épreuve : voilà pour mon équipement personnel. À moi de pister les faux géants d'Amérique et de Russie (et peut-être d'autres grands hommes que j'ai oubliés depuis) que je m'en vais découvrir nez au vent, comme on partirait à la chasse aux papillons, après avoir pointé, sur un catalogue, quelques précieuses variétés à épingler. Ce qui revient à chercher… une aiguille dans une botte de foin.

Mais, curieusement, cette mission-là me plaît. Elle ne repose pas sur du matériel, du concret. Pas de photos de repérages à louper, de textes à taper sans fautes, de cafés à porter sans les renverser. Il faut observer, remarquer, sentir. Et, en bout de course, trouver.

Mes « introuvables », je m'en vais parfois les dénicher dans des coins imprévisibles. Je ne me souviens plus à quel endroit précis J. F. K. a surgi devant mes yeux, si c'était à la terrasse d'un café ou à l'ANPE du spectacle, l'un de mes tout premiers viviers d'apprentis comédiens. En revanche, pour Khrouchtchev, j'ai le vif souvenir d'avoir été le quérir parmi les fidèles de l'église orthodoxe de la rue Daru !

Mission accomplie, donc.

*

Et ce premier pas en déclenche un autre, puis un autre. Les pubs foisonnent, et les commandes s'enchaînent. Je travaille désormais avec deux agences spécialisées où des acteurs viennent s'inscrire pour tourner ces spots publicitaires. À moi de sélectionner des têtes intéressantes, de pister les artistes capables de s'emparer de mots écrits par d'autres, sans jamais les réciter.

Puis je les convoque à la production, leur donne un texte à dire, et on filme. L'étape suivante consiste à visionner ces séquences filmées sous l'œil du réalisateur et du producteur. On procède à un premier tri et, en bout de piste, c'est le client qui choisit l'heureux élu. Parfois, il s'agit d'une mission plus précise, mais... ce n'est pas une tête sympa ou expressive que l'on me demande de découvrir. Je me souviens de cet après-midi entier passé dans les salons d'une marque de lingerie, l'œil rivé sur le postérieur de jeunes filles qui défilent en culotte, avec, comme base de travail, un *story-board* (une histoire « dialoguée » !) d'une brièveté exceptionnelle : trouver un c... pour Playtex !

En pub, il faut faire vite et bien. Surtout, je me dois de repérer les meilleurs parmi une flopée de candidats, ceux qui crèveront l'écran en mangeant des saucisses ou en portant des lunettes de soleil. De toute évidence, la pub a été pour moi une excellente école. J'ai vu des centaines d'acteurs sur ces castings. Mais attention ! La pub possède ses propres codes : une exigence de rapidité, certes, mais une sélection beaucoup plus ouverte – et donc beaucoup moins exigeante que celle requise pour un long-métrage au cinéma. En pub, on choisit le héros d'un spot parmi une première sélection de vingt-cinq acteurs, alors que je n'irai jamais au-delà de cinq propositions pour un premier rôle au cinéma.

*

Ces années-là sont magiques où tout semble possible, elles sont des années fastes pour le cinéma français qui verra bientôt émerger sur ses plateaux une flopée d'artistes plus doués les uns que les autres. Mais, au milieu de la décennie soixante-dix, ces futurs géants chaussent encore petit, tout petit. L'un d'entre eux n'est alors qu'un beau gosse qui vend des jeans aux puces. Il est grand, brun, il possède un regard ténébreux et un sourire de rêve. Je ne sais pas s'il se remarquait, à Saint-Ouen, mais j'ai reçu un choc en le voyant.

C'est Martin Lamotte qui me le présente un soir. Le jeune homme vient de lui donner un coup de main pour ses travaux à la « Veuve Pichard », son café-théâtre de la rue Sainte-Croix-de-la-Bretonnerie, et Martin lui offre son premier rôle dans sa pièce *Vous n'aurez pas l'Alsace et la Lorraine* : le personnage du « Chevalier blanc ». C'est là que je le vois jouer pour la première fois, sur cette toute petite scène. Beau, charismatique, juste.

Et la carrière de Gérard Lanvin s'apprête à décoller.

*

À peu près à la même date, je croise la route de six acteurs en devenir, six inséparables qui se sont connus sur les bancs du lycée à Paris. Ils rêvaient de monter sur les planches, et ils l'ont fait. Gérard Jugnot, Michel Blanc, Thierry Lhermitte, Marie-Anne Chazel (elle fréquentait le lycée de jeunes filles en face du lycée Pasteur...), Christian Clavier et Martin Lamotte. Josiane Balasko va bientôt les rejoindre. J'ai la chance de les rencontrer au stade de « meilleur espoir prometteur », au hasard de mes sorties dans les cafés-théâtres. À ce niveau, leur petite troupe du Splendid ne côtoie pas encore les *standing ovations* mais, déjà, ils « dégagent », au sens artistique du terme.

Je les vois sur scène pour la première fois dans *Le Pot de fer contre le pot de vin*, une pièce qui n'a pas vraiment marché. Nous devenons copains, et je vais très souvent les retrouver pour dîner après leur spectacle. Des instants de gaieté incroyables. Des soirées entières à se tordre de rire ! Avec Marie-Anne Chazel, nous nous lions intimement.

*

Ils m'offrent leur amitié, leur talent et moi, je leur donne de quoi se nourrir entre deux espoirs de scène et de film. Tous viennent régulièrement faire un tour dans les studios de 1/33 Productions pour « cachetonner » à grand renfort de spots. Gérard Lanvin sera l'un de mes premiers figurants enrôlés pour marcher en Eram. Puis Marie-Anne Chazel et Josiane Balasko les chausseront à leur tour : c'est là leur première apparition dans un film !

Mais le plus fort en pub, celui qui décroche le

pompon quel que soit le sujet, c'est Michel Blanc. Il est efficace, excellent dès la prise initiale. Et pourtant, je garde le souvenir de ce jour mémorable où il devait faire mine de dévorer avec appétit des sardines Saury. Avait-il trop mangé avant de venir ? Ou son peu d'intérêt pour le poisson en boîte se lisait-il sur son visage en lame de couteau ? Toujours est-il qu'on lui en a fait avaler toute la journée !

*

Ces petits sujets de pub impriment, sans que personne puisse en avoir conscience, les premières images de futurs géants du ciné. J'ai parfois songé à la tête que ces grands de l'industrie et de la pub ont dû faire quand ils ont vu que le gringalet à qui ils faisaient avaler des sardines – le pauvre les avalait d'ailleurs pour se nourrir ! – s'était mué, en deux films, en « Jean-Claude Dusse » des *Bronzés*… avant de s'étoffer, dans tous les sens du terme, pour devenir le Michel Blanc d'aujourd'hui, si subtil devant ou derrière la caméra, pianiste virtuose à ses heures rarement creuses…

Ont-ils rougi à la pensée qu'ils avaient traité en pantins interchangeables des acteurs qui allaient crever les plafonds du box-office ? Michel Blanc, Marie-Anne Chazel, Christian Clavier, Thierry Lhermitte, Martin Lamotte, Josiane Balasko : pas un seul que le grand public ait boudé. Ensemble, tout d'abord, puis chacun de leur côté. Exceptionnel. Et Gérard Jugnot, vous imaginez ? Le gentil *Pinot simple flic* qui fait rire la France entière et qui, vingt ou trente ans plus tard, lève le voile sur une sensibilité qui le porte à écrire et jouer *Monsieur Batignole* et à réadapter *Les Choristes*. Avec, en salle, des scores à faire enrager ceux qui s'approprient l'intelligence du cinéma d'élite !

*

Quel bonheur de les avoir vus naître, prendre leur envol, de les avoir accompagnés au fil de leurs carrières, de leurs spectacles, de leur vie. Ils sont toujours mes amis et leur fidélité me touche. Je continue aujourd'hui à œuvrer comme directrice de casting sur les films de Gérard Jugnot et de Michel Blanc. Ils font partie de ces grands qui n'ont pas honte de leurs souvenirs de vaches maigres. Un jour, Michel Blanc m'a dit ces mots pleins de tendresse : « Tu m'as donné à manger quand je n'étais rien, alors, c'est d'autant plus agréable, à mon tour, de te faire travailler sur mes films ! »

Ce sont les seigneurs du métier, un petit cercle auquel je m'empresse d'ajouter le magnifique Dany Boon. Je suis au Festival de Cannes et assiste à la projection de *Joyeux Noël* de Christophe Carion avec Diane Kruger et Guillaume Canet. J'aime beaucoup ce film, mais surtout, j'ai une révélation : Dany Boon. Je laisse un message à Francis Veber et lui propose de faire un rendez-vous rapidement en lui disant : « C'est notre nouveau Bourvil ! » Francis l'engagera pour le rôle de l'ami de Gad Elmaleh en voiturier dans *La Doublure* puis fera appel à lui pour une reprise au théâtre du *Dîner de cons* avec le succès que l'on connaît. Ces seigneurs contrastent avec une pléiade d'amnésiques qui, eux, n'aiment guère rencontrer sur leur route ceux et – celle – qui les ont vus débuter.

Un soir que j'ai retrouvé Fabrice Luchini dans sa loge, il m'a demandé depuis combien de temps nous nous connaissions. Je lui ai alors soufflé ces quelques mots teintés d'humour : « Tu te souviens des pubs pour Prop'sac ? » (Dans ce spot, il incarnait un cadre moyen distrait qui quitte son domicile, attaché-case à la main. Sa femme lui demande de descendre la poubelle, et naturellement, c'est l'attaché-case qu'il jette à la place du Prop'sac !)

Mais mon allusion à ce passé lointain n'a pas eu l'heur de l'amuser…

4

AVEC LE SPLENDID POUR TÉMOIN… DE MARIAGE

Ce jour où je deviens une Ménidrey-de Gueltzl

Adieu le studio de la rue Lepic, j'ai désormais les moyens de m'offrir plus spacieux ! Ma vie professionnelle décolle, et j'ai gagné mes galons de petite star en mon domaine. Bientôt, dans le sillage de *La Boum*, je m'affranchirai progressivement de la pub pour me consacrer entièrement au long-métrage. J'aurai alors signé trois cent cinquante castings de films publicitaires en quatre ans.

Mais pour l'heure, ma vie personnelle bat à l'unisson de ce métier hors du commun. Je vis comme je travaille : à cent à l'heure ! Cette évocation-là correspond parfaitement à mes années bolides, mes années Star Racing Team. Le Star Racing Team, c'est cette association fondée par le truculent Moustache. Acteur, batteur de jazz, il réunit, depuis les années soixante, une équipe de célébrités, toutes passionnées de course automobile. En amont de chaque grand prix de

Formule 1, l'équipe de Moustache organise de joyeuses démonstrations de bolides sur les circuits de Magny-Cours, du Mans, de Monte-Carlo. Sans oublier les pistes verglacées de Chamonix où les vrombissantes Simca 1 000 prennent les virages sur deux roues !

Une équipe de fous magnifiques : Claude Brasseur, mon ange gardien (je l'appelle ainsi depuis ce jour où il m'a mis le pied à l'étrier), Jean-Louis Trintignant, Gérard Pirès, Guy Marchand, le champion de boxe Jean-Claude Boutier, Johnny Hallyday… et d'autres grands du cinéma et du show-biz. Parmi cette bande de dingues de course automobile, deux acteurs, frères de Nadine Trintignant : Christian Marquand et Serge Marquand, auprès duquel je vivrai une belle histoire de quatre années.

Un week-end sur deux, je les rejoins. Quelle époque insouciante, dans quelle folie nous baignons ! Quelle chance j'ai de partager leur démesure ! Ils m'apprennent tellement : l'humour, le recul sur soi. À leur côté, je traverse des moments exceptionnels… même si ma culture cinématographique encore chancelante me joue parfois de vilains tours.

Un soir que nous dînons dans la fameuse brasserie Lipp de Saint-Germain-des-Prés, je me retrouve face à un charmant réalisateur, drôle, brillant. À ses côtés, un homme très beau, plutôt taciturne, probablement américain. Il parle un français hésitant. Comme toujours à cette époque, où je suis une éponge qui s'imprègne de toute cette culture qui me manque, j'écoute, j'observe, et surtout, je me tais. C'est un réflexe que j'ai adopté dès mes premiers pas dans ce monde dont je savais si peu de chose : garder le silence, plutôt que de commettre un faux pas ridicule, une gaffe irréparable.

Je fais bien : car, ce soir-là, sans m'en rendre compte, je viens de passer la soirée avec Roman Polanski (avec qui j'aurai la chance de travailler un jour) et Marlon Brando. Et j'ai vraiment eu de la peine, après coup, de ne pas avoir mesuré quelle chance j'avais eue, non pas d'avoir « vu de près » deux monstres sacrés – je n'ai jamais été de ces fans qui se damneraient pour toucher la main d'une idole –, mais d'avoir partagé avec eux ces instants furtifs où ils s'étaient montrés eux-mêmes. Je préfère ne pas me souvenir de la naïveté de mes paroles, lorsque je les ai reconduits dans ma vieille Austin... Ce fut une soirée désopilante, hors du temps, portée par l'humour dévastateur et cruel des frères Marquand.

*

J'ai bientôt trente ans. La vie est belle, elle file, elle est pleine de charme, d'instants éblouissants. Elle peut aussi se montrer dure, pour peu que l'on se laisse griser par certains mirages. Autour de moi, je perçois les dangers qui pourraient me guetter si je plongeais à fond dans cet univers déjanté. La drogue, l'alcool sont des pièges dans lesquels il ne faut surtout pas tomber.

J'ai eu le bonheur, dans cet univers du cinéma, de côtoyer des colosses du métier, mais j'ai aussi eu la surprise de les connaître sous un jour pas forcément flatteur. Ainsi, au cours de mes débuts de deuxième assistante, William Klein m'avait demandé d'aller chercher Eddie Constantine chez lui, et de l'amener sur le plateau. Et chaque matin, le beau Lemmy Caution (rôle phare de ce séducteur franco-américain dans *La Môme vert-de-gris*) m'ouvrait la porte, sa topette de whisky à la main... Si je m'autorise désormais quelques coupes de champagne – mon péché mignon ! –, je me suis toujours montrée très prudente dans mes années de jeunesse insouciante : ni alcool ni drogue.

*

Cependant, je sens bien que cette vie-là n'est pas la vraie vie, qu'il me faut, en parallèle, construire quelque chose de sûr, de durable. Même si mon passé au sein d'une famille nombreuse dans le besoin est toujours là pour me dissuader de devenir mère à mon tour. Des marmots à torcher, la vaisselle, le ménage ? Ah non, merci ! Pas pour moi ! Mes principes sont soi-disant solides, mes rejets indiscutables. Du béton... pas si armé que cela, si l'on en juge par ces deux dates : je rencontre Francis de Gueltzl en avril 1978, je l'épouse le 8 décembre de la même année à l'église Saint-Merri, Paris 4e !

Nous nous croisons d'abord dans les studios de Rose Productions, une boîte de pub qui vient alors de m'engager comme directrice de casting sur une série de spots tournés pour les téléviseurs Schneider. Francis est assistant à la mise en scène. Il est beau, élégant, racé. Mais... c'est lui qui fait le premier pas. Et aussi le deuxième, puisque, très vite, il insiste pour que nous nous mariions.

Un peu réticente au départ à l'idée de me lier pour la vie, j'ai fini par dire « oui ». Un « oui » que je prends soin d'encadrer dans une sorte de charte de la femme séduisante qui souhaite le rester : ni tâches ménagères ni fourneaux ! Aujourd'hui encore, mes deux fils m'appellent « madame Picard » (en référence aux surgelés, bien évidemment), et ils me félicitent pour ce « riz au lait » (le seul plat maison dont ils se souviennent) que je réussis comme personne ! Mes vingt années de mariage n'auront donc aucun effet sur mes talents de cordon-bleu.

*

Mais je m'arrête un instant sur ce 8 décembre 1978, journée mémorable où je m'apprête à jouer un sacré tour à ma propre famille : une Ménidrey épouse un « de » Gueltzl. « Un monsieur », comme le dit tout de suite ma mère, quand je lui annonce le patronyme de mon élu. Avant de s'exclamer : « On ne pourra jamais le recevoir chez nous ! » Mais si, il viendra, Francis, dont je m'empresse de préciser qu'il aimait sincèrement ma famille. Et pourtant, jamais mes parents ne parvinrent à tutoyer mon mari, seuls mes frères et sœurs y réussirent avec le temps alors que leurs relations devenaient toutes naturelles.

La première fois qu'il déjeune chez nous, quelques mois avant le mariage, ma mère a sorti sa plus belle vaisselle, et se lève entre chaque plat pour « lui » changer son assiette. Tous les Ménidrey gardent la même, qu'ils balaient d'un simple morceau de pain. Je revois mon futur mari assis à table, en polo Lacoste, petit pull cachemire jeté sur les épaules, ses mocassins sagement croisés sous sa chaise. Face à lui ou côte à côte, mes deux beaux-frères vêtus d'un simple marcel qui ne laisse rien perdre de leurs belles épaules tatouées. Quel contraste !

Le jour J de notre mariage, j'assiste impuissante à ce choc entre deux mondes. Si je devais passer derrière la caméra, ce sujet-là ferait un délicieux court-métrage : un vaste appartement du 17e arrondissement, un grand buffet autour duquel virevoltent quelque deux cents invités, du champagne millésimé qui coule à flots… Et, dans un coin, une famille autrefois si nombreuse, à Arcueil, et bien petite soudain, un clan timide qui n'ose pas bouger des chaises sur lesquelles chacun reste prostré : ma famille à moi.

D'habitude, chez nous, une noce, c'est la fête, on danse, on s'amuse, on ripaille si tard que la soirée s'achève sur une soupe à l'oignon au lever du jour. Là, je verrai mes « Ménidrey » quitter les lieux dès onze heures du soir. Le lendemain, au téléphone, ma mère a ces mots qui ne s'inventent pas : « C'est ça, un cocktail ? Avec ton père, on n'a pas aimé. On n'osait pas aller se servir, on préfère manger à table... » J'en ai souffert, bien sûr, je me sentais un peu coupable de leur avoir fait de la peine, même si ce n'était pas moi qui tenais les rênes de cette soirée-là, organisée par ma belle-famille.

*

C'est dire si la présence de mes copains du Splendid m'a réchauffé le cœur. Eux s'en fichaient, que je sois une Ménidrey ou une de Gueltzl ; ils étaient tous là pour faire la fête. Dans ces années-là, Marie-Anne Chazel et moi refaisions le monde ; elle était d'une fraîcheur exquise, chaleureuse, attentive et tellement drôle ! C'est avec le plus grand naturel que je l'ai choisie comme témoin. Deux ans plus tard, elle deviendra la marraine de Thibault, mon fils aîné. Je la retrouve sur les photos, si fluette dans sa jupe type Big Bazar, chaussée, comme à son habitude, de bottines à petits boutons.

Et moi qui ai refusé de porter une robe de mariée ! Je regrette aujourd'hui de n'avoir pas sacrifié à cette jolie tradition. Personne pour me conseiller, au cours des semaines précédentes : j'ai arpenté seule l'avenue Victor-Hugo avant de jeter mon dévolu sur deux boutiques, Emmanuelle Kahn et Renoma, et d'y dénicher une jupe longue, un chemisier écru et une veste assortie. Je préfère ne rien dire des escarpins, si haut perchés, si « fermes », que j'ai terminé ma nuit dansante en charentaises !

Ils sont venus donc, et, comme dans la fameuse chanson, ils sont tous là (mais cette fois, c'est pour un mariage !) : Marie-Anne, Christian Clavier, Gérard Jugnot, Michel Blanc, Josiane Balasko, Thierry Lhermitte et aussi Martin Lamotte. Ils déconnent comme au premier jour de notre rencontre, et c'est bon, rétrospectivement, d'avoir pu savourer leur présence dans les derniers moments qui précédèrent leur envol. Voilà des mois que leur pièce *Amours, coquillages et crustacés,* une parodie des vacances « heureuses » en club, se joue à guichets fermés dans leur petit théâtre de la rue des Lombards.

En ce jour de décembre 1978, les voilà depuis quelques semaines – le film est sorti le 22 novembre ! – à l'affiche d'un film tiré de l'adaptation d'*Amours, coquillages et crustacés* : *Les Bronzés*. Ils sont heureux, ça marche enfin pour eux tous. Mais pas de raz-de-marée au départ. Le film est plus que sympa ; aux commandes :

un jeune metteur en scène – Patrice Leconte – qui vient de faire un flop avec son précédent film, *Les vécés étaient fermés de l'intérieur*. Lui aussi ignore tout du destin qui l'attend ! En fait, ce sont les rediffusions incessantes des *Bronzés* à la télévision qui en feront un film culte.

*

Ce 8 décembre 1978 n'est pas le plus beau jour de ma vie. Mais, bientôt, je recevrai de cette union (qui durera vingt ans) le plus merveilleux des cadeaux qu'il m'ait été donné : la naissance de mes deux fils. Un cadeau dont je ne voulais pas au départ, et auquel je dois tout simplement d'avoir réussi ma vie. Thibault et Thomas ont aujourd'hui respectivement 31 et 24 ans. Je suis fière d'eux, je les aime.

Et je m'interdis cette question désormais sans importance : n'ai-je pas commis, ce jour-là, une petite erreur de... casting ?

5

LAMBERT WILSON OU PERSONNE !

Cap sur le long-métrage

La pub, c'est donc la toute première étape de ma carrière. Un univers très formateur, mais dont je ne tarde pas à ressentir les limites. Il me faut changer de vitesse, passer des spots au long-métrage – tout en menant les deux de front, au départ –, entrer dans les rouages du « vrai » cinéma. Pas facile. Car à l'époque, ce sont les metteurs en scène qui, souvent, choisissent eux-mêmes les têtes d'affiche. Fort heureusement, les seconds rôles sont alors très bien écrits. Des personnages à part entière, bien construits, peaufinés avec une rigueur égale à celle qui forge les vedettes.

Mes armes de directrice de casting, je vais ainsi les aiguiser en trouvant les personnages qui entourent et confortent le couple vedette d'un film. Dans ces années qui précèdent *La Boum*, je m'exerce à distribuer les rôles annexes de films assez légers. Mon premier long-métrage est *La Frisée aux lardons* avec Bernadette Lafont et

Michel Aumont. Pour ce film tourné en 1978, deux ans après mes débuts dans la pub, je propose même une novice dans ce métier : Pascale Rocard, la nièce de Michel Rocard, dont c'est le tout début devant une caméra ! Puis je suis appelée par Claude Faraldo pour son film *Deux lions sous le soleil*, avec Jean-François Stévenin et Jean-Pierre Sentier, suivi d'un autre de François Leterrier, *Je vais craquer*, en 1979. Au lendemain de la *Boum 1*, je figure au générique, entre autres, de deux comédies typiques de l'époque : *Ma femme s'appelle reviens* de Patrice Leconte et *Jamais avant le mariage* de Daniel Ceccaldi.

Le cinéma de l'époque continue encore d'attacher un vrai prix aux « seconds rôles », incarnés, dans la tradition, par d'excellents acteurs qui, alors, mènent encore une jolie carrière. Le grand public les identifie, les suit, les retrouve avec plaisir de film en film, qu'il s'agisse d'une « cuisinière » quasi attitrée comme Pauline Carton ou Hélène Dieudonné, ou encore d'un flingueur hors pair comme Robert Dalban. Et puis, il y a ces rôles annexes, mais non moins importants, que des futures stars attrapent au vol, pour percer dans le métier et saisir leur chance.

C'est le cas de Lambert Wilson, et tant mieux si j'y suis un peu pour quelque chose.

*

Nous sommes en 1982. Claude Pinoteau se lance alors dans *La Boum 2*, dont le tournage est prévu en Autriche, à deux pas de Salzbourg. Cette fois, Claude me confie la chasse aux personnages qui vont entrer dans la vie de Vic, des seconds rôles bâtis comme des premiers, jamais traités à la légère. Ce sont essentiellement des garçons et filles de l'âge de Sophie Marceau, ses copains, copines et amoureux dans le film. Naturellement, les quatre stars de *La Boum 1* – Sophie Marceau, Claude Brasseur, Brigitte Fossey et Denise Grey, l'inoubliable grand-mère dans le vent – sont d'office maintenus dans *La Boum 2*.

La « petite » Sophie n'en est plus tout à fait une : elle arrive désormais au stade du « commencement d'une femme dans la fin d'un enfant », dit Claude en citant Victor Hugo. Mais la jeune Vic a plus de succès, encore, côté garçons, que dans *La Boum 1*, et elle fait tourner bien des têtes. Tout spécialement, celle d'un certain Félix. Félix n'est plus un jeune homme, mais un homme jeune, le genre de type séduisant et sûr de lui en comparaison duquel l'adolescent le plus craquant apparaît soudain gauche et boutonneux. Problème qui m'est posé : qui va jouer Félix ?

Claude me campe le personnage en deux lignes : un « homme » de vingt-cinq ans, qui jette son regard sur Vic et ébranle soudainement son premier attachement pour un beau garçon de son âge. « Quand une gamine commence à intéresser les jeunes adultes, explique Claude, elles vivent ça comme une promotion. » Très vite, je songe à Lambert Wilson, ce jeune homme élancé dont le charme réside précisément dans cet effet immédiat qu'il produit sur les autres. Lambert a du charisme. Une évidence, de nos jours. Et une évidence à mes yeux, dès le départ.

Fils de Georges Wilson, immense acteur et metteur en scène au tempérament rude et difficile, Lambert cherche encore sa voie. Complètement bilingue français-anglais, il a suivi les cours du centre Drama de Londres, d'où il est ressorti avec un CV à l'anglo-saxonne d'acteur-chanteur-musicien. Certes, il a déjà tourné quelques films, joué des personnages très distincts : un jeune résistant, un extraterrestre… Il possède déjà ce profil de jeune premier dont les imperfections participent comme une patine à sa beauté hors norme. Le regard accroche l'autre, son timbre de voix vous fauche.

Mais Lambert, dans le rôle de Félix, n'intéresse… que moi. Non, j'exagère un peu. Il intéresse aussi Claude Pinoteau, mais comme un « bon » parmi d'autres. Pas de coup de foudre particulier. Finalement, Claude se rallie à mon choix, sans passion ni regret. En revanche, Alain Poiré, le patron de la Gaumont internationale et producteur du film, n'avait franchement pas envie de Lambert dans le rôle.

Et je me souviens m'être emportée pour lui arracher un oui ferme et définitif : « Ce garçon a un formidable potentiel, il sera une star ! » Je me suis amusée récemment à revoir *La Boum 2*. C'est saisissant : à la première seconde où Félix s'assoit au piano, les autres garçons cessent d'exister. Avec ses vestes en tweed, sa mèche rebelle, au volant de sa petite anglaise décapotable, il fait un Félix transcendant, sur lequel s'ébauche déjà le profil d'un futur « grand ». Je suis fière d'avoir su déceler en lui les prémices d'une carrière magnifique.

*

Aux lendemains de cette *Boum 2*, Alain Poiré me convoque dans son bureau. « Marcel Dassault souhaite faire votre connaissance », me dit-il, tout en attrapant le combiné du téléphone. J'appelle sa secrétaire. Mais voyons, comment êtes-vous habillée ? Je vous préviens, si vous êtes en pantalon, vous pouvez aller vous changer. Monsieur Dassault déteste les femmes en pantalon… » Coup de chance, je porte un ensemble jupe-chemisier rose, et… le rose est la couleur préférée du patron. Alain Poiré décrit ma tenue à la secrétaire, et me voilà conviée d'office à boire le thé dans les bureaux de ce grand industriel – propriétaire de la Gaumont, entre autres –, au fameux Rond-Point des Champs-Élysées.

À quinze heures pile, je pénètre dans un salon style « petit Versailles ». Marcel Dassault me rejoint et, dès ses premiers mots, je devine qu'il fait erreur : « Je veux surtout des *blue jeans* neufs », m'explique-t-il, croyant s'adresser à la costumière. Je lui fais comprendre que... ce n'est pas du tout mon métier. Et il rectifie très vite. Je me retrouve alors à deviser avec ce monsieur impressionnant certes, mais à l'humour décapant.

Au moment de prendre congé, il appelle sa secrétaire qui me remet une enveloppe en papier kraft... que j'irai entrouvrir discrètement dans le métro. Elle contient quarante billets de cinq cents francs ! De nos jours, un tel cadeau serait carrément inavouable. Il serait même taxé de délictueux, de part et d'autre. Mais sous cette latitude des années quatre-vingt, rien ne choque vraiment. Monsieur Dassault avait pour coutume de remercier ses collaborateurs par de « petites » enveloppes bienfaitrices, et personne ne souhaitait s'en plaindre... Sauf, sur un terrain plus personnel en l'occurrence, mon mari. De retour à la maison, j'ai eu le malheur de lui montrer mon innocent butin, et il ne m'a pas caché le sentiment dubitatif qu'il lui inspirait... J'ai retrouvé Marcel Dassault quelque temps plus tard, quand Alain Poiré s'est associé à lui pour créer Les Productions 2000. Je fus désormais chargée du casting des films que Marcel Dassault écrivait en personne, auxquels il tenait beaucoup et qu'il ne programmait que dans son cinéma Le Paris sur les Champs-Élysées. Il s'agissait, comme leur nom l'indique, d'histoires à l'eau de rose : *Les parents ne sont pas simples cette année ; Jamais avant le mariage ; L'Été de nos quinze ans...*

Pour ce dernier film, je suggérai le nom de Michel Sardou, que Marcel Dassault ne connaissait pas, alors que le chanteur avait déjà conquis ses galons de star. Je me précipitai au kiosque afin de dénicher sa photo dans un magazine. Mais au moment où je m'apprêtai à lui apporter la coupure de journal que j'avais dénichée, je constatai que le chanteur y apparaissait, pourvu d'une pomme d'Adam proéminente. Or, c'était un « accessoire » masculin envers lequel l'avionneur entretenait une véritable phobie ! Qu'à cela ne tienne, je passai chez moi, m'emparai d'une paire de ciseaux et coupai la photo sous le menton. Marcel Dassault n'y vit que du feu !

Autre jour, autre anecdote croustillante, liée au tempérament imprévisible de ce « monsieur » que personne ne s'aventurait à contrarier. Toujours pour ce même film, je reçus la mission d'accueillir, dans un studio de Neuilly-sur-Seine, plusieurs dizaines de jeunes filles qui avaient répondu à une annonce de casting. Le grand boss arriva, entouré de tout son staff, et commença à interviewer une postulante : « Bonjour mademoiselle, pouvez-vous me vider votre sac ? » Puis il enchaîna avec deux questions qui la laissèrent perplexe : « Récitez-moi une fable ! » Réponse : « Je n'en connais aucune. » « Alors, dites une prière. » Et l'impétrante de s'exécuter !

Sur un autre casting, Marcel Dassault émit le désir de rencontrer tous les acteurs pressentis. Il les convoqua dans son bureau, les rangea en file indienne, puis à ma grande surprise, leur demanda de lui montrer… leurs dents !

*

Quelle époque ! Si on la compare à la nôtre, celle d'aujourd'hui, tout semble alors possible. Peu de chômage, une contraception librement accessible, pas de guerre : une montagne d'insouciance à dévorer à chaque instant. J'ai mordu dans ces années post-soixante-huit avec délectation. Et pourtant, tout change si vite… Ne serait-ce que sur le plan musical, on passe sans transition de Mireille Mathieu aux Beatles, puis aux Rolling Stones. Oui, j'aime ce vent de liberté qui souffle alors. Avec le recul, je me demande si j'aurais été capable de faire le même parcours, ne serait-ce que dix ans plus tard…

D'ailleurs, dans la France des années quatre-vingt, le casting est une profession très récente, importée des États-Unis par Margot Capelier, une femme régisseur qui travaillait sur des films américains tournés en France. Nous ne sommes que quatre, dont Dominique Besnehard. Dix ans plus tard, nous serons vingt. Et aujourd'hui, on compte une centaine de directeurs de casting… dont vingt-cinq en vivent. Mais je reste, pour l'heure, celle qui « caste » le plus grand nombre de films : entre quinze et vingt par an !

*

Claude Pinoteau deviendra, pour mon plus grand bonheur, l'un de ces metteurs en scène qui m'accordent fidélité et confiance. Je vivrai à ses côtés d'autres aventures – j'ai déjà fait neuf films avec lui –, tenterai toujours de répondre à sa demande de sortir de mon fichier – et surtout de ma mémoire – « le » ou « les » bons acteurs. Quand je dis les « bons », je ne veux pas dire ceux qui ont le plus de talent, mais ceux qui sont précisément « le » ou « les » personnages qu'il a imaginés. C'est ainsi que je penserai à Vincent Lindon pour interpréter le copain d'Édouard, ce musicien noctambule qui s'accroche à Valentine, jouée par Sophie Marceau dans *L'Étudiante*. Et finalement, Claude Pinoteau confiera le personnage à Vincent Lindon, lui offrant ainsi son premier grand rôle.

Et puis, je retrouve sur le disque dur de ma mémoire cette anecdote qui en dit long sur les hurluberlus que l'on est amené à croiser au hasard des plateaux de tournage. Nous sommes en 1984, et je rejoins Claude sur *La 7ᵉ Cible* avec Lino Ventura. J'avais à l'époque des conversations enflammées avec Dominique Besnehard qui assurait que tous les acteurs pouvaient travailler indifféremment avec tous les metteurs en scène. J'étais persuadée du contraire : un acteur ou une actrice est susceptible de correspondre à l'univers d'un ou de plusieurs metteurs en scène, mais pas à tous. Car j'étais convaincue qu'au cinéma, c'était comme dans la vie : il y a des personnalités faites pour se rencontrer, voire s'apprécier, et d'autres non. J'ai voulu tester mes dires en convoquant un jeune acteur du nom de Benoît Régent (disparu, hélas, prématurément). Cette initiative m'a confortée dans mon opinion.

Claude lui pose sa première question favorite : « Qu'est-ce qui vous a donné envie de faire ce métier ? » Réponse de l'acteur : « La baise. » « Oui, mais encore ? » interroge Claude. « Eh bien, poursuit le candidat, je suis sorti de pension à l'âge de dix-sept ans. J'ai demandé à un ami s'il connaissait un endroit où on pouvait baiser. Et il m'a répondu : "Les cours d'art dramatiques." » Et Claude de surenchérir, imperturbable : « Mais... vous avez appris à jouer la comédie ? »

Et l'autre, fanfaron : « Jouer la comédie, je ne sais pas... Mais baiser, oui ! »

Après son départ, Claude m'a priée de faire une enquête sur cet acteur pour savoir s'il arriverait à l'heure au tournage, s'il n'était pas drogué... J'avoue avoir eu beaucoup de mal, ce jour-là, à garder mon sérieux. Il n'a pas fait le film, mais pour d'autres raisons.

*

Mais revenons au professionnalisme de ce métier, et au casting de *La Boum* 2 qui ne s'est pas résumé à un coup de foudre professionnel en faveur de Lambert Wilson. Cette histoire m'a aussi amenée à choisir l'acteur devant incarner l'amoureux de Vic, ce très beau brun aux yeux bleus dont elle tombe amoureuse, mais qu'elle fait souffrir à coups de va-et-vient sentimentaux, du type « je t'aime moi non plus ». Réflexe rarissime dans ma carrière, je vais chercher Pierre Cosso dans une agence de mannequins, après avoir éliminé un à un les acteurs pressentis en amont.

Et c'est ainsi que le rôle phare de l'amoureux de Vic atterrit sur le physique de rêve de Pierre Cosso. Le jeune homme n'a jamais mis les pieds sur un plateau de tournage et… ça ne se voit pas. Il est alors moniteur d'éducation physique, pratique la boxe française. Son premier atout visible, c'est ce regard océan à faire tomber notre ado à la fois sensible et cœur d'artichaut. L'autre qualité majeure du jeune acteur en herbe, c'est Pinoteau qui la décèle : dans la vie réelle, Pierre est amoureux fou de Sophie ! Le rêve pour un cinéaste, qui peut ainsi obtenir à la demande, et sans effort, des regards énamourés, une moue chagrine et des baisers aussi vrais que nature !

Cependant, je le dis sans détour, sans me dérober : Pierre Cosso dans *La Boum 2*, est une erreur de casting. Une vraie. Je n'en suis pas seule responsable, puisque ce n'est pas sur mes épaules que repose la décision ultime, mais il faut reconnaître qu'il n'est pas bien dans ce rôle. Et pourtant, aux essais, il est arrivé totalement à l'aise. Formidable ! En quelques prises, il donnait l'impression de « casser la baraque ». Mais être bon sur une scène ne suffit pas car tenir ensuite sur la longueur du film est une autre histoire. Et les essais ne sont pas une boule de cristal.

6

DEVENIR COMÉDIEN, ÇA S'APPREND ?

Cours, écoles ou… rien : à chaque star son parcours

Le métier de comédien offre un champ de liberté extrême : tout le monde peut prétendre y accéder. Cette qualité-là semblait presque banale, il y a vingt ou trente ans, quand on avait espoir d'évoluer dans la vie en poussant une petite porte et faire valoir un potentiel qu'un directeur ou un patron aurait à cœur de promouvoir. Et je suis, moi, directrice de casting, de ces diplômées minimales qui ont saisi « cette chance de pouvoir tenter leur chance ».

Désormais, c'est fini. On juge les gens – et tout spécialement les jeunes – sur leur CV, comme si leurs qualités personnelles agissaient tel un supplément. On réclame un brevet pour accomplir le plus élémentaire des métiers manuels, un Bac pour exercer une profession – je pense à la communication, par exemple – qu'autrefois on apprenait « sur le tas ». Combien de talents perdus sous le sceau de cette *diplomite* qui frappe notre société ?

Devenir comédien ne s'apprend pas. C'est un « savoir être » qui s'exprime avec fulgurance sur un plateau, sur une scène. Il peut se déclencher au gré du hasard, ou par une sorte de vocation que certains ressentent dès leur plus jeune âge. Et ce type de révélation peut surgir indépendamment de la volonté du comédien. Je pense à Sophie Marceau, bien sûr : à sa sortie de *La Boum*, elle s'est contentée de passer une journée ou deux au cours Florent. Mais aussi à Sandrine Bonnaire. Imaginez : au début des années quatre-vingt, Sandrine accompagne sa sœur, Lydie, convoquée pour le casting d'*À nos amours*, le film de Maurice Pialat. Et... c'est Sandrine que celui-ci choisit ! Elle est devenue une grande comédienne, alors qu'elle n'avait jamais songé à se retrouver devant une caméra. Destin.

Et puis, il faut bien admettre qu'il existe des familles d'acteurs, et que cette transmission de gènes héréditaires de parents à enfants sonne comme une évidence. Je pense à Nicolas Bedos, à Marilou Berry, fille de Josiane Balasko, Michel Sardou, Arthur Jugnot, Guillaume et Julie Depardieu, Laura Smet. Certes, ils portent le nom de leurs parents, mais ils respirent et transpirent aussi leur talent. Certains passent par une école, d'autres démarrent directement. Peu importe : ils ont le virus.

Il n'est donc pas indispensable de prendre des cours pour devenir acteur, notamment au cinéma. J'en veux pour exemple le parcours hors normes de Mélanie Laurent, excellente actrice qui accomplit une carrière flamboyante et originale, et cela sans avoir jamais mis les pieds dans une école. Flash-back : je découvre Mélanie en 1999, juste après la projection du film de Gérard Depardieu qu'il coréalise avec Frédéric Auburtin, *Un pont entre deux rives,* dans lequel elle donne la réplique à Depardieu, à Carole Bouquet et à Charles Berling. Des scènes où je la trouve très juste. Je fais ensuite sa connaissance à la brasserie Wepler, à Montmartre, curieuse de rencontrer cette fille d'artistes dont la maman est danseuse et le père comédien, spécialisé dans le doublage. Un papa dont elle porte à merveille, au féminin, les grands yeux bleus…

Gérard Depardieu l'a flairée le premier, avec son œil aiguisé et un grand nez quasi infaillible en matière de talents. C'était quelques années en amont. Mélanie accompagnait une amie dont le père était machiniste sur un film dans lequel jouait Gérard. Elle avait seize ans. Il la dévisagea de son regard profond, et lui lança alors : « Toi, je veux te revoir ! » Il était, à l'époque, et en parallèle, attelé à la préparation de son film *Un pont entre deux rives.* Il revit Mélanie pour des essais. Gérard est très vif, il réagit au quart de tour. Il possède cette intelligence de la vie qui ne s'acquiert pas. Séduit par la spontanéité de la jeune fille, il lui souffla quelques conseils, dont celui… de ne pas prendre de cours !

Quelques saisons plus tard, en 2001, c'est à mon tour de penser à Mélanie. Je prépare le casting du film de Michel Blanc, *Embrassez qui vous voudrez*. Des essais sont organisés sur la scène du Théâtre de la Renaissance, qui appartient à l'époque à certains acteurs de la troupe du Splendid, dont Michel Blanc. Michel la trouve tout de suite « évidente » pour le rôle de Carole, la petite amie de Gaspard Ulliel que j'ai repéré pour le rôle de jeune premier. Lui, je l'ai connu tout gamin (il avait neuf ans !) dans des castings de pub, et il m'a toujours intéressée tant par ses capacités d'acteur que pour sa belle gueule. Cette distribution mit les deux amoureux de cinéma sur le chemin de leur premier vrai succès, celui qui les fait exister aux yeux du grand public. Et son rôle dans le film de Michel Blanc donna à Gaspard le César du meilleur espoir masculin.

En 2006, c'est au tour de Mélanie de remporter le César du meilleur espoir féminin et le prix Romy-Schneider pour le personnage de Lili, jeune femme déboussolée par la mort de son frère et dont elle s'approprie la détresse avec une intensité remarquable. Mélanie est imprévisible, et c'est un grand bonheur pour moi de la voir briller aussi bien à… Hollywood, aux côtés de Brad Pitt et de Diane Kruger, dans un film de Quentin Tarantino (2009), que dans *Promenade de santé*, la pièce « psy » et romantique de Nicolas

Bedos qu'elle joue un an plus tard. Je reviendrai plus loin sur cette comédienne talentueuse et instinctive, telle que je les aime.

Le cinéma regorge de comédiens sans école inscrite sur leur parchemin : Catherine Deneuve, Brigitte Bardot… Certains n'y ont accompli qu'un tour de valse. Je pense à Géraldine Pailhas, à Marie Gillain, la fameuse héroïne de *L'Appât* de Bertrand Tavernier, un rôle de criminelle qui lui valut une nomination aux Césars et un prix Romy-Schneider en 1996.

*

Pas d'école obligatoire, donc. Mais pas de règle non plus. Car je peux tout de suite citer une flopée d'autres acteurs et actrices qui, eux, sont passés par le filtre des cours de comédie, et qui effectuent une carrière tout aussi intéressante. À commencer par Gérard Depardieu, parti de Châteauroux à l'âge de seize ou dix-sept ans ; il va guérir ses problèmes d'élocution et de mémoire déficiente chez Jean-Laurent Cochet dont le cours est réputé pour son classicisme et son sérieux. Mais aussi Isabelle Huppert (école de la rue Blanche, Conservatoire, cours de Jean-Laurent Cochet), Sandrine Kiberlain (cours Florent, Conservatoire), Emmanuelle Devos (cours Florent et ateliers d'acteurs de la Fémis, l'École nationale supérieure des métiers de l'image et du son) ou Nathalie Baye, dont la jeunesse un peu bohème fait facilement oublier qu'elle a enchaîné cours Simon et Conservatoire : elle en est sortie avec un second prix de comédie, comédie dramatique et théâtre étranger.

On peut citer également Fanny Ardant, Jean-Pierre Bacri, Clotilde Courau, André Dussollier, Arthur Jugnot, Sara Giraudeau, tous passés sur les planches de l'école de Jean Périmony. Ou encore Isabelle Carré, Sylvie Testud, Denis Podalydès, Elsa Zylberstein, Laura Smet qui ont fait leurs preuves dans le vrai théâtre (deux cents places) des ateliers du Sudden, sous la direction de Raymond Acquaviva, formidable professeur qui a aussi formé au cours Florent, où il exerça durant plusieurs années, Sandrine Kiberlain, Mélanie Doutey, Audrey Tautou, Anne Roumanoff, Yvan Attal, Gilles Lellouche, Mélanie Thierry, Marina Foïs, Anne Brochet et Léa Drucker. Je signale au passage que ces ateliers du Sudden sont le cours le moins cher de Paris.

Ont-ils du talent ? Énormément. Sont-ils meilleurs ? Non. Avec ou sans cours, ils donnent ce qu'ils détiennent en eux. Les écoles, les cours agissent en terreau fertile, propice à l'épanouissement. En aucun cas, ils ne peuvent engendrer des comédiens qui ne possèdent pas ce don. Certains acteurs s'en affranchissent vite, d'autres ne peuvent plus s'en passer. L'essentiel, à mes yeux, est que ces cours ne les empêchent pas de se trouver, d'être capables de produire fictivement ce naturel qu'on attend d'eux. Claude Brasseur a longtemps travaillé ses rôles avec Andréas Voutsinas (aujourd'hui décédé), acteur et professeur d'art dramatique, membre de l'Actors Studio à New York. Albert Dupontel a pour maître Claude Régy, ce metteur en scène du théâtre français qui, dans les années soixante-soixante-dix, monta des spectacles à succès au Théâtre Antoine, avec de grands noms comme Delphine Seyrig, Jean Rochefort, Michel Bouquet, Jean-Pierre Marielle, Claude Brasseur…

En ce qui me concerne directement, je peux citer deux actrices que j'ai mises en lumière et qui, toutes deux, ont pris des cours. En premier lieu, Irène Jacob. Lorsque je la croise, à l'Ensatt (École nationale supérieure d'arts et techniques du théâtre), ex-« école de la rue Blanche », elle n'a pas encore tourné le moindre bout de film. Je prépare alors *Les Mannequins d'osier* avec Robin Renucci, le premier long-métrage de Francis de Gueltzl, mon futur ex-mari. Je cherche le rôle principal féminin, une étudiante jeune et jolie, et suis d'emblée touchée par la fraîcheur, la candeur que dégage Irène.

Mon mari d'alors dit « banco », mais pas la productrice, avec laquelle je dois livrer un de ces bras de fer dont je suis familière et très souvent victorieuse… La victoire de cette bataille-là, je l'obtiens quelques années plus tard quand, en

1991, Irène reçoit des mains de Sean Penn le prix d'interprétation féminine à Cannes pour *La Double Vie de Véronique* de Kieslowski.

L'autre comédienne, c'est Audrey Lamy, sœur d'Alexandra Lamy, une bombe de talent dont je détecte tout de suite le potentiel sur deux registres, le classique et le contemporain, alors que j'assiste à une audition du Conservatoire de Paris. Je me bats pour elle, notamment sur le casting du premier long-métrage de Christelle Raynal, intitulé *Plan de table,* qui va sortir en janvier 2012 et qui est sélectionné au prochain festival de l'Alpe d'Huez. Je décroche pour Audrey le rôle de la voisine de table de Franck Dubosc.

Mais, auparavant... bras de fer avec le producteur qui réplique à mes louanges artistiques par un de ces à priori commerciaux dont il est de plus en plus difficile de triompher : « Elle n'est pas connue. » « Pas encore ! » lui dis-je, alors que je sors de la projection de *Tout ce qui brille,* la comédie de Géraldine Nakache dans laquelle Audrey interprète un rôle majeur. Et j'ai drôlement raison d'être bluffée, car cette prestation lui vaut une nomination aux Césars dans la catégorie « Meilleur espoir féminin », en 2010. Finalement, je gagne la partie et Audrey fait, l'année suivante, une succulente voisine de Franck Dubosc, experte en scènes de ménage ! Et d'un coup, elle se met à crouler sous les propositions. Et d'un coup, le producteur la trouve géniale alors qu'il ne voulait pas entendre parler d'elle quelques mois plus tôt.

*

S'affirmer au théâtre, en revanche, nécessite souvent de prendre des cours. Au théâtre, la voix doit porter, et la gestuelle a son importance. Surtout si on ambitionne de s'imposer dans du Racine ou du Shakespeare, dont le répertoire induit des techniques de respiration, de placement de voix. Mais cela n'empêche pas des acteurs de cinéma de briller sur les planches, comme Sophie Marceau, d'emblée excellente, en 1993, sur la scène du Théâtre Hébertot, face à Lambert Wilson dans *Pygmalion*, la pièce de George Bernard Shaw.

Le cinéma n'exclut pas le théâtre, et inversement. Simplement, il y a des acteurs qui sont meilleurs dans l'un des deux registres. Patrick Chesnais, par exemple, est très bon sur scène, et un peu en dessous à l'image. Mais il faut bien l'avouer : être « bon à l'image » ne s'apprend pas.

Tous les gens du métier vous diront cette mystérieuse magie qui opère pour certains, et non pour d'autres. Des actrices se montrent de petites femmes mignonnes, carrément banales dans la vie, pour peu qu'elles aient oublié de se maquiller. Romy Schneider en est un exemple très marquant. Certes, elle était belle dans la vie, mais, devant une caméra, elle irradiait. Elle avait le charisme de l'image. La caméra la sublimait. Cela peut paraître paradoxal, mais ce qu'un acteur montre à l'image, c'est ce qu'il a au fond de lui. C'est une alchimie qui se passe d'explication.

L'important, en définitive, pour un acteur encore en devenir, n'est pas tant de chercher à accumuler des connaissances en matière d'art dramatique que de multiplier les tentatives pour révéler ce dont il est capable. En ce sens, les cours d'art dramatique peuvent agir en défricheurs et en miroirs de talent. Et je fustige ces metteurs en scène qui se croient malins en invitant des directeurs de casting à juger du brio de leurs élèves sur une de ces mises en scène avant tout destinées… à eux-mêmes. J'ai, un jour, failli claquer la porte d'un cours tant j'étais scandalisée d'avoir été invitée à une audition au cours de laquelle une flopée de malheureux apprentis comédiens sautaient et éructaient dans le noir… leur visage restant invisible sous la lueur d'une lampe torche !

*

Je peux me trouver dans les fastes du Conservatoire de Paris ou sur l'estrade poussiéreuse d'un petit cours, d'un conservatoire d'arrondissement (souvent formidable) ou encore celle du club théâtre du lycée Molière, j'ouvrirai l'œil de la même manière, et le décorum sera sans influence sur mon jugement. D'ailleurs, ce fut précisément au lycée Molière que j'ai découvert Sarah Grappin, une jeune comédienne alors âgée de dix-huit ans, pour lui faire décrocher son premier rôle dans *Le Nouveau Monde* d'Alain Corneau. Malheureusement, le film n'a pas marché, et Sarah travaille tant bien que mal.

Je ne peux ici me permettre d'évaluer ces établissements plus ou moins célèbres, où nous sommes, nous, directeurs de casting, exclus des jurys, uniquement composés d'acteurs et de metteurs en scène. Je dirais simplement que les plus ronflants, les plus coûteux, ne sont pas forcément les meilleurs. À cet égard, le cours Florent tend à devenir une arnaque : la réputation médiatique dont il jouit, et ses tarifs très *show off*, eux non plus, ne reflètent pas la qualité réelle de son enseignement.

Quant au prestigieux Conservatoire, dont la qualité et la valeur de l'enseignement demeurent indéniables, il ne symbolise plus, comme il le fut autrefois, cette sorte d'antichambre de la Comédie-Française dont il ouvrait les portes à coup sûr. Sur vingt-six élèves inscrits, une bonne dizaine disparaissent chaque année. Et pour être totalement franche, j'ai vu des lauréats qui n'étaient pas bons. Cependant, le Conservatoire n'en reste pas moins une formidable pépinière, où j'ai notamment débauché Sandrine Kiberlain. De même que l'Ensatt, les cours de Jean-Laurent Cochet, sans oublier les dynamiques ateliers du

Sudden sous la direction de Raymond Acquaviva.

Mais gare aux cours sérieux, accomplis, qui ne tiennent pas forcément compte de la réalité du marché actuel du cinéma. Le physique, pour une actrice, est primordial… J'y reviendrai lorsque je parlerai de l'injustice que crée le diktat du physique sur les actrices, quand les acteurs, plus chanceux, bénéficient d'infinies largesses dans ce registre…

Je me méfie aussi du répertoire classique : Racine, c'est trois pièces par an, guère plus… Personnellement, je suis lasse d'entendre pour la énième fois la même pièce de Tchekhov, les mêmes extraits, si pauvres en créativité. J'aimerais voir plus de modernité. C'est quand même plus facile, pour un directeur de casting, de transposer à l'image un comédien qui s'exprime sur un registre contemporain.

*

J'ai gardé pour la fin de ce chapitre l'un de mes vrais coups de cœur artistiques, décelé sur la scène du cours Viriot, une école d'art dramatique qui a vu éclore des talents comme Annie Girardot, Dominique Sanda, Michèle Bernier et Frédéric Diefenthal. Ainsi qu'… Alice Taglioni. Ce jour-là, en février 2000, je suis accueillie comme le messie à une audition organisée rien que pour moi dans une salle réduite où règne une chaleur étouffante. Seule une brise d'angoisse souffle sur les trente-cinq comédiens et comédiennes qui se produisent dans un petit spectacle. Dès les premières scènes, une entre tous me saute au visage : une longue jeune fille extraordinairement belle avec un physique de rêve, du jamais vu au cours de ma carrière. Je la garde en mémoire, note son nom.

Le lendemain, je décroche mon téléphone pour obtenir ses coordonnées. Aucune trace d'enthousiasme au bout du fil : dépité, le directeur s'empresse de me dire qu'Alice Taglioni n'était pas prête pour cette audition. C'était sur la pression de ses camarades, qu'il l'avait autorisée à y participer. Il tourne autour du sujet, me suggère d'autres noms, et moi, j'attends : je veux les coordonnées d'Alice… Il finit par me les donner en me lançant : « Ce n'est vraiment pas la meilleure ! » Ce à quoi je réplique : « À chacun son métier. » Peu m'importe que d'autres comédiennes aient été, ce jour-là, plus confirmées qu'elle : seule Alice avait, à mes yeux, le potentiel pour figurer au générique d'un grand film.

Je commence alors par lui dénicher de brefs tournages sur des téléfilms, et son anglais « fluent » lui vaut même une journée dans *La Panthère rose*. Puis elle aborde quelques seconds rôles. Trois ans après la fameuse audition du cours Viriot, je la présente à Jean Veber, le fils de Francis, qui réalise alors son premier film, *Le Pharmacien de garde*, avec Guillaume Depardieu et Vincent Pérez. Jean lui confie un petit rôle dans lequel elle se montre à la hauteur. Puis, elle avance peu à peu dans la carrière : elle donne la réplique à Clovis Cornillac dans *Mensonges et trahisons et plus si affinités*, puis dans *Le Cactus* où elle joue le rôle principal.

C'est avec *La Doublure* de Francis Veber qu'elle prend ses vraies mensurations de comédienne connue et aimée du grand public. Elle y décroche le premier rôle féminin aux côtés de Daniel Auteuil, Gad Elmaleh, Dany Boon et Kristin Scott Thomas. Francis avait déjà fait sa connaissance lors du casting du *Placard*, en 2001. J'avais organisé une rencontre initiale, mais il l'avait jugée trop belle pour ce film, et lui avait conseillé de tenter sa chance en Californie. C'était mal connaître Alice, qui est une antithèse du symbole « bombe de la côte Ouest », elle qui s'inflige une discipline de fer à travers le piano dont elle joue depuis l'âge de quatre ans, au point d'avoir envisagé une carrière de concertiste.

*

Aujourd'hui, je considère Alice comme ma propre fille, et je lui consacrerai d'autres lignes, personnelles et émouvantes dans un chapitre dédié à son compagnon, l'acteur Jocelyn Quivrin, qui nous a quittés dans l'apothéose de sa beauté et de sa gloire en marche.

7

ESSAIS, OU PAS ?

Comment juger du talent d'un acteur

Je ne présente jamais un acteur que je n'ai pas vu jouer. Quand je cherche un comédien pour un rôle, je songe d'abord à tous ceux que j'ai déjà remarqués dans l'exercice de leur art. Si je propose untel pour un film, j'arrive avec une argumentation précise. Je « vends » l'acteur au metteur en scène, je l'ai déjà observé sur les planches, dans un téléfilm, un court-métrage, sur l'estrade d'un cours de comédie. Je n'apporte donc jamais, comme c'est le cas pour certains directeurs de casting novices ou peu scrupuleux, une liste de vingt-cinq noms de belles gueules, dans l'espoir que l'une d'entre elles fera l'affaire.

Je vis mon métier dans la concentration. Ma frayeur, c'est de manquer quelqu'un, d'avoir croisé un talent que je n'aurais pas su remarquer. De ce point de vue, les vedettes confirmées ne m'intéressent guère : celles-là, je les connais ; donc, aucun intérêt d'aller me précipiter pour les applaudir. Très sollicitée, je croule sous les invitations : « Françoise, viens me voir jouer ! » Je décline gentiment : « Mais oui, je suis sûre que tu es formidable… »

Un directeur de casting a pour mission de découvrir des inconnus, de pister ces acteurs qui exercent déjà leur métier, certes, mais sans avoir pu exprimer leur potentiel. À lui de les imaginer sous les traits de différents personnages. De ce point de vue, il détient un vrai pouvoir : celui de lancer quelqu'un. Dans une pièce de théâtre portée par deux têtes d'affiche, je m'intéresse aux acteurs qui gravitent autour. Puis, de retour chez moi, vers une ou deux heures du matin, je note sur des cahiers d'écolier celui ou celle qui, ce soir-là, m'a épatée. Ensuite, ma mémoire visuelle et auditive fait son travail.

Ces visages, ces talents qui m'ont marquée quelques mois plus tôt, je les sors de mon chapeau au gré des « commandes » qui me sont faites. Je note tout, parce qu'il est rare que l'on rencontre exactement ce que l'on cherche sur le moment. Vous êtes sur la préparation d'un film dont l'héroïne à pister est une blonde réfrigérante et mystérieuse, et vous flashez, le soir même, sur une belle Méditerranéenne à retenir de toute urgence, parce que son physique et sa présence d'enfer ont fait tilt.

*

Un jour de 1983 pourtant, c'est tombé pile. Je cogite alors sur le premier film de Michel Blanc,

Marche à l'ombre, avec Michel Blanc et Gérard Lanvin. Je suis en chasse du rôle principal féminin, Mathilde, une très jolie danseuse dont François (Gérard Lanvin) tombe amoureux. Par ailleurs, je reçois un coup de fil de Patrick Bruel, invité de l'émission *Champs-Élysées* pour y chanter sa première chanson, *Marre de cette nana-là*. Sur le plateau, Patrick est cerné de trois jolies filles, postées juste derrière lui. L'une d'entre elles est une blonde ravissante, non pas dans le genre belle potiche, mais une beauté pas commune, un physique d'héroïne de cinéma. Le lendemain, j'appelle Patrick : « Tu peux me donner les coordonnées de cette jeune fille ? » Je suis si pressée que j'oublie de dire à la future star de la chanson française que je l'ai trouvée formidable !

La jeune fille en question s'appelle Sophie Duez. Je la présente à Michel Blanc, et nous réalisons, sous sa gouverne, de « vrais » essais, en studio, en présence d'un chef opérateur qui soigne la lumière. Sophie a appris plusieurs scènes, et nous tournons une séquence. Ces essais-là, ceux qui permettent de voir un comédien dans un rôle, surtout s'il s'agit d'un ou d'une novice, sont de bons essais. Ils renseignent le metteur en scène sur la capacité de cet acteur à se fondre dans un rôle, à donner à l'image la couleur de son histoire. J'ai ainsi offert à Sophie Duez sa première vraie chance. Depuis, cette belle actrice, aussi passionnante que cultivée, s'est imposée à la télévision, notamment dans une série, *Quai n° 1*, où elle a tenu, de 1997 à 2001, le rôle récurrent d'une commissaire de police en charge de missions dangereuses. Voici tout juste dix ans, elle a décidé d'arrêter cette série pour se consacrer au théâtre.

Il est très important de bien cerner les frontières de son propre métier : le directeur de casting propose, le metteur en scène dispose. Le film, l'histoire, le ton lui appartiennent. Mon seul interlocuteur véritable, c'est lui. À moi de le comprendre à 100 % afin de donner corps à ce qu'il a préalablement imaginé. Je souhaite pour ma part que le metteur en scène rencontre le ou les acteurs, qu'ils jouent devant lui, sous sa direction. Une scène peut être interprétée de cent manières différentes. L'acteur ne le devine pas forcément, à fortiori s'il n'a pas lu le scénario.

J'insiste : une vraie rencontre entre comédien et réalisateur me semble indispensable. Je déteste me prêter à ces pratiques adoptées par tant de directeurs de casting aujourd'hui : faire passer des essais toute seule dans mon coin, à la va-vite. Lancer un malheureux comédien sur un bout de texte, qu'il devra dire sans même avoir pris connaissance de l'histoire, sans avoir la moindre idée, en définitive, de ce que le metteur en scène souhaite obtenir de lui. Certains jeunes me racontent comment ils ont dû dire leur texte en l'absence du réalisateur, devant deux techniciens qui mangeaient leur sandwich derrière la caméra, le portable vissé à l'oreille… Je trouve ça vraiment lamentable.

Car le comédien, lui, joue sa chance en quelques minutes. C'est terrible : il dit son texte une fois, pas deux. S'il est à côté de la plaque, c'est « au revoir, et merci » ! Comment peut-on prendre une décision définitive sur un coup de dés ? Sur ce terrain-là, le métier évolue mal. L'irrespect s'insinue partout. Ce type de pratique me fait songer au film de Sydney Pollack, *On achève bien les chevaux*, tiré du fameux roman noir d'Horace McCoy – l'histoire d'un jeune couple sans le sou dans le Hollywood des années trente, qui participe à un marathon de danse dans l'espoir de décrocher les mille dollars de récompense et de se faire remarquer d'un producteur… Sinistre !

*

Contrairement à ce que l'on pourrait croire, l'essentiel de mon travail repose sur ce rendez-vous avec le metteur en scène, dans ce face-à-face que j'ai avec lui. S'il s'agit d'un grand rôle, j'ai déjà lu le scénario en amont. Notre discussion, plus ou moins brève selon les cas, m'apparaît primordiale. Il me raconte l'histoire, le ton qu'il souhaite lui donner, le profil des personnages. Et pas seulement leur description physique. Le mental du personnage apparaît tout aussi important. Je le dis souvent à des jeunes qui désirent devenir directeur de casting à leur tour : « Tu peux croiser tous les talents de la terre, tu ne sauras t'en servir que si tu sais mettre la bonne personne à la bonne place. »

Ce savoir-faire-là ne s'apprend pas. J'ai la chance de posséder un imaginaire très élastique, capable de transposer un garçon qui interprète un dandy du XVIIIe siècle dans la peau d'un père de famille de notre époque. C'est la fibre artistique de mon métier, celle qui m'est chère, et que je veux sauvegarder à tout prix, malgré ces pratiques sauvages qui consistent à « tout tester », comme si le *background* d'un acteur n'avait pas d'importance. Il m'arrive de me retrouver sur des films où l'on demande à un comédien qui a trente ans de Comédie-Française derrière lui de faire ses preuves sur quarante lignes de texte. J'avoue que j'en ai honte…

D'ailleurs, certains réalisateurs refusent de passer par ce filtre des essais, peu fiables à leurs yeux. Ainsi de Xavier Durringer, qui n'y croit pas du tout, et qui le dit ouvertement. De même que Pierre Boutron, ce grand réalisateur qui a porté *L'Affaire Dominici* et *Landru* à la télévision : il ne réclame pas d'essais.

En revanche, je considère comme normal que Claude Berri y ait eu recours pour le rôle d'Ugolin dans *Jean de Florette* et *Manon des sources*… et que Coluche, pressenti pour le rôle, ait été éliminé, à défaut de posséder cet accent méridional que Daniel Auteuil détient de naissance, et ressuscite à volonté. Encore une fois, tout réside dans « l'art et la manière ». En Angleterre, aux États-Unis, les essais sont systématiques. Mais professionnels. On envoie le texte du scénario à l'acteur, et on le teste sur de vraies séquences filmées. Alors, dans ces conditions, on peut peut-être admettre, comme cela s'est produit, d'« essayer » Marlon Brando avant de lui attribuer le rôle du Parrain…

*

Mais pour ma part, connaître un acteur, c'est avoir détecté ses capacités, son champ d'adaptation, souvent bien plus ouvert qu'il ne l'imagine lui-même. Du coup, je fais très peu de propositions pour un rôle. Quand j'arrive à cinq, c'est qu'il y a vraiment un problème de profil. Un exemple : en 1992, je me rends aux très sérieuses auditions du Conservatoire de Paris. Je tombe en arrêt devant Sandrine Kiberlain. Je suis alors en train de préparer *L'Inconnu dans la maison* avec Jean-Paul Belmondo, sous la direction de Georges Lautner.

Je convoque Sandrine pour une journée de tournage avec une très belle scène où elle se révélera formidable. Je présenterai donc « une » comédienne à Lautner. Alain Sarde, le producteur, ne comprenait pas pourquoi je n'en proposais pas d'autres. Tout simplement parce que ce n'était pas nécessaire. J'étais sûre de mon choix. C'est d'ailleurs un signe auquel je me fie moi-même : moins j'aligne d'acteurs possibles pour un rôle, plus je suis certaine d'avoir visé juste. J'ai des convictions personnelles très fortes. Je me bats jusqu'au bout. C'est la subjectivité de ce métier qui me fascine. Un décor, c'est du concret. Un acteur, c'est tout le contraire. Et à l'arrivée, on sait que ce choix aura forcément un impact déterminant. Le même film, avec d'autres acteurs, ce n'est plus le même film !

Je déplore les essais du type « j'en présente quinze pour en retenir deux ». On ne trouve jamais quinze acteurs pouvant correspondre parfaitement à un rôle. Pour ma part, quand je propose un acteur, il est celui que j'estime être « le » personnage. Et dans ce cas, le metteur en scène qui se rallie à mon choix me fait confiance. Il a confiance dans mon regard sur le comédien et sur l'analyse que j'ai su faire de ce qu'il en attend.

Et quand je tape juste, je mise très souvent, sans le savoir, sur un acteur appelé à grandir, à durer. Si je regarde dans le rétroviseur, tous les jeunes acteurs auxquels j'ai offert leur chance sont devenus des « grands » de ce métier. Ils étaient bons pour tel ou tel rôle, certes, mais leur potentiel les a vite propulsés vers d'autres histoires. C'est la fierté du directeur de casting que de flairer un talent quand il est encore au stade de la couveuse.

Ainsi de Marion Cotillard, à qui je donne son premier rôle en 2001, dans *Lisa*, un long-métrage de Pierre Grimblat avec Jeanne Moreau. Et de

Guillaume Canet que je lance dans un vrai premier « premier rôle » en 1995, alors qu'il est à peine majeur. Il interprète, à cette époque, un jeune lad jockey qui sauve un pur-sang de l'abattoir dans *Ils n'ont pas vingt ans*, un téléfilm réalisé par Charlotte Brandström avec Jean Yanne. Excellent cavalier dans la vie – il a lui-même grandi dans un haras –, Guillaume fera des merveilles en héros de cette belle histoire. Un an plus tôt, je l'avais distribué dans *La ville dont le prince est un enfant*, une pièce d'Henry de Montherlant jouée au Théâtre Hébertot avec Christophe Malavoy dans le rôle de l'abbé de Pradts. Guillaume incarnait Servais, ce brillant élève qui entretient une amitié forte avec Serge Souplier, un mauvais garçon du collège auquel l'abbé est lui-même attaché, et dont il entend garder l'affection pour lui seul.

Quelques années auparavant, en 1990, je travaille sur *La Neige et le Feu* de Claude Pinoteau et offre à Philippe Torreton, repéré lors d'une audition au Conservatoire de Paris, les deux premiers jours de tournage de sa carrière. Sur ce même film, je cherche l'héroïne, et peine à la trouver. Et puis, un jour que je suis au volant de ma voiture, je repense à cette jeune fille dont m'avait parlé Stéphane Clavier, le frère de Christian, qui réalise de nombreux films pour la télévision, et qui l'avait vue danser dans un clip des Gypsy Kings. Je prends en note.

Et là, sans trop savoir pourquoi, je me souviens d'elle. Je la fais venir pour passer des essais, puisqu'elle n'a jamais joué. Claude Pinoteau l'engage, elle décroche le premier rôle et le César du meilleur espoir féminin. Géraldine Pailhas n'a pas oublié de me remercier quand elle a reçu son trophée... Depuis, elle mène une carrière extrêmement réfléchie, en choisissant délibérément des rôles qui lui correspondent. D'où une popularité qui, sans doute, n'est pas aussi explosive que celle d'autres comédiennes. Mais c'est son choix, elle trace sa route et signe de nombreux succès, sur un registre plutôt intellectuel : *Le Garçu* de Maurice Pialat (1995) ; *Peut-être* de Cédric Klapisch (1999) ; *La Chambre des officiers* de François Dupeyron, film nominé à la Palme d'Or du Festival de Cannes en 2001 ; *Les Randonneurs à Saint-Tropez* de Philippe Harel (2008). Elle a également tourné avec Nicole Garcia, Pascal Bonitzer, Philippe Le Guay...

J'ai donc propulsé Géraldine Pailhas sur la route du cinéma... Et, en prime, sur celle d'un mariage heureux ! Christopher Thompson (fils de Danièle Thompson, elle-même fille de Gérard Oury), qui, en 2011, a réalisé *Bus Palladium*, son premier film, fut lui aussi convoqué aux essais pour *La Neige et le Feu*. Je revois la scène : leurs prestations terminées, je propose à Géraldine de la reconduire chez elle. Mais Christopher s'empresse de décliner mon offre, emportant la belle Géraldine à bord de son propre carrosse.

Et, comme dans les contes de fées, ils se marièrent, et eurent deux enfants…

Ce n'est pas vraiment le sujet de ce livre, mais il est certain que les directeurs de casting sont également, sans le vouloir, de terribles entremetteurs… sentimentaux.

*

La bonne personne pour un rôle, c'est aussi celle dont j'estime qu'elle pourra travailler avec le réalisateur, s'acclimater aux autres comédiens déjà choisis. Fût-il talentueux, je n'hésiterais pas à éliminer un comédien dont je sais pertinemment qu'il ne pourra jamais s'entendre avec tel metteur en scène. Je veille aussi à ce qu'il y ait une certaine harmonie, une certaine homogénéité entre les acteurs appelés à se retrouver sur un même plateau. Même si la mode est au mélange des genres, on peut difficilement associer, dans une même aventure, un spécialiste du *one-man show* et un acteur du Théâtre de la Colline.

Bien sûr, le principe souffre quelques exceptions. Ainsi de Gad Elmaleh à qui je vais ouvrir la première brèche cinématographique. Nous sommes en 1997, et il se produit tous les soirs sur la scène du Palais des Glaces, à Paris, dans un spectacle intitulé *Décalages* qui est son premier *one-man show*. Je vois son spectacle et je me dis qu'il ferait un formidable David dans *L'homme est une femme comme les autres*, le film de

Jean-Jacques Zilbermann dont je recherche la distribution. David, c'est le « cousin préféré » de Simon, un modeste musicien juif et homosexuel (incarné par Antoine de Caunes) que sa mère veut marier à tout prix. Je ne me démonte pas : je fais part de mon coup de cœur pour Gad à Jean-Jacques Zilbermann et l'entraîne au Palais des Glaces. Bien qu'ils soient issus de milieux très différents, le courant passe entre le subtil humoriste et l'homme de théâtre et de cinéma, bientôt gratifié d'un Molière de la mise en scène en 2002.

On ne peut donc pas tout prévoir, tout programmer. Ni tout savoir, par ailleurs, des possibles allergies que développent les stars les unes vis-à-vis des autres. J'en ai fait la pénible expérience, tout récemment. Alors que je venais d'entreprendre une véritable opération séduction auprès d'une comédienne plus que confirmée, en vue d'un rôle qui lui allait comme un gant, j'ai appris que la star numéro un du film, priorité indiscutable aux yeux du metteur en scène, refusait de tourner avec cette partenaire. Au point de renoncer à son propre rôle si « ma » proposition devait être maintenue. Et il m'a fallu alors expliquer à cette actrice – que j'avais suppliée de venir sur le film – que, finalement, le metteur en scène s'était rallié à un autre choix.

Ce métier réclame aussi d'énormes trésors de diplomatie…

8

UN INDIEN DANS LA VILLE… DE LOS ANGELES

Autopsie d'un casting sous la direction de Francis Veber

Un matin de septembre 1994, je suis, une nouvelle fois, appelée par la Gaumont pour un rendez-vous dans les bureaux d'Alain Poiré. Cette fois, c'est Francis Veber qui souhaite me voir.

Nous nous connaissons bien à ce stade de ma vie professionnelle. J'ai déjà travaillé sur *Les Fugitifs* et *Les Compères*, deux films pour lesquels j'ai distribué tous les rôles parlants, excepté le couple vedette Pierre Richard-Gérard Depardieu. Pour *Les Compères*, Francis m'avait chargée de trouver le rôle d'un garçon de dix-sept ans, beau et sympathique.

Mission à priori délicate : Francis a un fils, Jean, qu'il verrait bien dans ce rôle. Il me demande de faire des essais avec lui et avec d'autres comédiens. À l'heure du choix, il invite quatre personnes de confiance à visionner l'ensemble des essais réalisés, sans leur dire que son fils est l'un d'entre eux. À l'unanimité, c'est Stéphane Bierry qui décroche le rôle, et ce, alors que les essais de Jean Veber sont bons. Et Francis Veber valide le casting. Un geste professionnel, d'une rare élégance.

*

Quelques années plus tard donc, en 1994, Francis se lance dans une épopée aussi passionnante que périlleuse : tourner au cœur de la forêt amazonienne la comédie d'aventures qu'il vient de concevoir de bout en bout. Une histoire écrite à la virgule près, qu'il veut voir à l'image telle qu'elle existe déjà dans sa tête et sur son script : *Le Jaguar*.

Le Jaguar, c'est l'histoire à la fois drôle et émouvante de Perrin, un jeune joueur de poker – incarné par Bruel –, un voyou charmeur sans foi ni loi. Un soir qu'il prend l'ascenseur du luxueux hôtel Crillon à Paris, Perrin croise le regard de Wanu, un petit Indien facétieux qui ne va plus le lâcher, jusqu'à s'emparer de son âme et de sa destinée.

L'histoire s'articule autour de trois personnages : Perrin, bien sûr, patronyme (avec Pignon) cher à Francis Veber ; Campana – Jean Reno –, qui joue l'interprète entre Perrin et l'Indien dont il est seul à comprendre la langue et la magie ; et l'Indien, une sorte de muet mystérieux qui dit tout avec son regard, sa frimousse enfantine et ses mimiques, un petit homme qui ne quitte pratiquement pas l'écran de tout le film, et sans lequel les deux autres ne seraient rien : Wanu.

Mais tout cela ne s'imprime que dans l'imaginaire de Francis Veber lorsque je le rejoins au siège de la Gaumont. Francis est l'un des metteurs en scène que j'admire le plus, un virtuose qui vous ramène facilement à une forme de médiocrité personnelle. Son humour est dévastateur, son exigence légendaire, et je me suis toujours sentie intimidée à son contact, tant ce prince de l'élégance peut se révéler déroutant.

Ça va si vite dans son esprit que ses paroles peinent à suivre le fil de sa pensée. Pas une miette à perdre dans ce qu'il dit. Avant qu'il ne me donne ses directives, je boucle mentalement ma ceinture, un peu comme avant un décollage risqué. Et il met les gaz : « Françoise, tu vas me trouver Wanu ! Nous allons tourner en Amazonie, mais je ne veux pas d'un casting américain. J'ai besoin de ton regard. » C'est sans doute le plus beau compliment qu'un metteur en scène puisse me faire : « J'ai besoin de ton regard. »

Le rôle de Campana est déjà réservé à Jean Reno, acteur dont je m'empresse de dire au passage qu'il est délicieux, toujours disponible sur un plateau de tournage. Quant au rôle de Perrin, c'est Patrick Bruel qui le reçoit en cadeau, Vincent Lindon, pressenti au départ, ayant déclaré forfait pour voguer vers un autre projet. Veber était légèrement dépité et Bruel craignait, au début, de ne pas être à la hauteur de ses attentes. Il le dit, dans le DVD du *Jaguar* : « J'avais peur de me faire virer ! » Mais il s'en est magnifiquement sorti, Patrick, lui aussi étranger aux caprices qui plombent l'ambiance des plateaux de tournage.

*

À moi, donc, de trouver la troisième star du film ! Je relis dans mes précieux carnets les quelques mots jetés par Veber pour décrire ce qu'il cherche alors : « Indien, petit, environ soixante ans, visage très candide, presque enfantin, très touchant. »

Rien à voir avec les critères habituels pour définir un de ces redoutables Apaches au visage scarifié, enrôlés pour incarner les balèzes. Francis et moi-même écartons bien vite la facilité qui consisterait par exemple à piocher dans la troupe du spectacle de cow-boys d'Eurodisney. Nous songeons un instant à prospecter en Angleterre, où résident nombre d'acteurs indiens. Mais ils sont précisément originaires de l'Inde, parfaits pour incarner quelque serviteur de Pondichéry au temps des Colonies. Or, Wanu est amérindien. Et les acteurs d'origine amérindienne sont introuvables à Londres.

Veber m'explique pourquoi il est impossible de faire tourner un véritable Indien d'Amazonie : « Ils ne comprennent pas la comédie. Après la première prise, ils s'en vont. Et si on court derrière eux pour leur demander d'en faire une deuxième, ils refusent ! Pour eux, ce qui est fait est terminé. On ne recommence pas. »

L'entretien est vif et passionnant, comme toujours avec Francis, dont les moindres suggestions sont à suivre au pied de la lettre. Mais puisque rien ne se révèle possible en Europe, son plan casting va traverser l'Atlantique. « Tu vas aller à Los Angeles, m'ordonne-t-il derrière un sourire énigmatique, et tu me trouves Wanu ! » Je réponds d'un simple clignement de paupières – qui veut dire « oui » –, me gardant bien de lui rappeler – mais le lui ai-je déjà dit ? – que je parle anglais comme une vache espagnole...

*

En pressant le bouton de l'ascenseur de la Gaumont, à la descente, cette fois, je sens l'angoisse me gagner. Comment vais-je m'y prendre pour découvrir, dans cette ville tentaculaire aussi grande qu'un pays, ce petit Indien que je vois déjà en pensée ? Peu importe, je suis à la fête. Un matin du mois de novembre, je me love sur les sièges moelleux d'un vol Paris-Los Angeles en *business class* d'Air France. Je zappe mentalement le décalage horaire, m'installe dans ma superbe suite du fameux Sunset Marquis, ce très bel hôtel très prisé des stars, et tout spécialement des Français.

Derrière les grandes baies vitrées, j'organise mon bureau. Ma première nuit est courte : la chambre qui jouxte la mienne est le théâtre d'une petite scène de ménage. Impossible de fermer l'œil ! Le lendemain matin, les bruyants tourtereaux quittent leur chambre au moment même où je sors de la mienne : Brad Pitt et Juliette Lewis semblent alors réconciliés !

Sur place, je prends mes marques. Mon tout premier réflexe est d'entrer en contact avec une pro du casting qui vit à LA : Élisabeth Lustig, qui a été engagée sur *Danse avec les loups*. Non seulement Élisabeth habite Los Angeles, mais en plus, elle est... française ! J'en parle avec émotion aujourd'hui, car elle nous a quittés depuis lors, fauchée à Moscou par un chauffard ivre qui l'a tuée net, et ce alors qu'elle travaillait sur le film de Philip Noyce, *Le Saint*.

Elle me reçoit très vite, et je lui explique les raisons de ma visite : découvrir « la » perle rare que je cherche pour le film de Veber, un petit Indien dont la gestuelle et les mimiques évoquent plus la tribu yanomami que le Peau-Rouge à plumes des vieux westerns. Je dois aussi trouver d'autres acteurs indiens censés appartenir à la même tribu que Wanu.

Je demande à Élisabeth s'il lui serait possible de me débusquer une assistante capable de me guider dans mes recherches. « *No problem* », me répond-elle, dans ce pays où le mot « impossible » n'est pas répertorié. « Tu l'auras lundi. »

Le temps a filé, déjà, et je ne sais plus quel jour nous sommes. Je regagne ma suite à l'hôtel, et me sens soudain bien seule. Dehors, une pluie drue cogne les fenêtres hermétiques de ma chambre climatisée. Atmosphère désertique. L'averse cesse enfin, mais pas le sentiment d'isolement qui me rafraîchit jusqu'aux os. Nous sommes en novembre, un mois pourtant clément en Californie dont la météo offre un certain cousinage avec les caprices d'un printemps méridional.

Je me risque à sortir de l'hôtel : pas âme qui vive. Le mystère de cette désertification extrême est niché sur le calendrier américain : *Thanksgiving* ! Un vrai couvre-feu en Amérique, trois jours de retrouvailles familiales durant lesquels les horloges semblent se figer. Tant pis ! Je vais en profiter pour marcher dans les rues de Los Angeles, ma curiosité native trouvera bien quelque chose à glaner dans cette pieuvre tentaculaire de l'Ouest américain. Mais l'hôtelier me stoppe dans mon élan : déambuler dans les rues, à Los Angeles ? « Impossible ! *Forbiden*, trop *dangerous* ! » Trois jours à tourner en rond dans ma suite à tuer le temps afin que ce week-end trop prolongé daigne enfin passer son chemin.

Le lundi suivant, à huit heures tapantes, une grande rousse américaine tirée à quatre épingles débarque dans ma chambre. Elle s'appelle Renée Haynes, elle est ma nouvelle assistante en Amérique. Pour une couche-tard de ma sorte, un « huit heures du mat » s'apparente à une sonnerie de réveille-matin, moi qui ai l'habitude de caler mes journées de travail entre dix et vingt heures. J'apprends très vite qu'aux États-Unis, la journée *business* débute à sept heures pour se terminer aux alentours de seize heures. Je me réjouis de sa ponctualité – si rare sous nos latitudes françaises !... – tout en m'excusant de l'image peu reluisante de cette « Dir Cast » – moi – encore en pyjama, les cheveux en vrac, le plateau du petit déjeuner fumant calé sur les draps du lit.

Renée m'apporte une pile de cassettes de films à visionner. Que des Indiens ! Je laisse les images défiler. Pendant plusieurs jours, mon œil balaie des dizaines et des dizaines de visages, regarde, regarde... et bing ! Coup de foudre ! À la vue de ce petit bonhomme gringalet, j'appuie sur la touche « pause » du magnétophone : j'ai découvert notre Wanu sous les traits d'un comédien américain, Harrisson Lowe, un Californien qui n'est guère employé, tant son physique est à l'opposé de celui requis pour les rôles de grands musclés habituellement recherchés. Quand je sais que j'ai trouvé, inutile d'aller plus loin, d'en voir d'autres. J'appelle Francis Veber, joyeuse, et, cette fois, c'est moi qui lui intime de boucler ses valises : « Francis, on l'a, notre petit bonhomme ! »

Veber me rejoint. Une rencontre avec Lowe s'organise dans ma suite. Il est emballé. Avec Harrisson, il se montre aimable, souriant, détendu. Ce ne fut pas toujours le cas, par le passé. Je me souviens alors de ces temps pas si éloignés où il recevait les acteurs en trois minutes : bonjour – au revoir, avec un jugement au couperet qui ne laissait aucune place à la discussion, du moins avec les postulants. Ce fut le cas pour le casting des *Fugitifs*. Les acteurs en ressortaient blêmes, déconcertés.

Mais un jour, le fils cadet de Francis, Gilles, voulant être acteur, a expliqué à son père la dure réalité d'un casting. Là, Francis a pris conscience de l'angoisse qui s'empare d'un comédien qui joue son va-tout sur une seule prise, sans aucun droit à l'erreur.

Pour Lowe alias Wanu dans le film, il s'agit d'un casting un peu à part, en ce sens que ce sont surtout la gestuelle, les mimiques qui intéressent le réalisateur. Tout juste a-t-il demandé à Harrisson de parler dans une langue amérindienne qu'il connaît, la langue apache. Peu importe ce qu'il dit, puisque personne ne le comprendra ! Heureusement, nul n'a eu l'idée de protester contre ce tour de passe-passe qui consiste à faire prononcer par un Amérindien, et en apache, des paroles sans rapport avec l'histoire, censées être celles des Indiens d'Amazonie (qui, dans la vraie vie, s'expriment dans une langue différente !).

Francis reprend l'avion pour Paris. Il me laisse carte blanche pour trouver d'autres acteurs indiens du film, que Renée Haynes et moi-même irons finalement pister jusqu'à… Vancouver. Je boucle une valise bourrée de vêtements d'été, et grelotte trois jours durant, car Vancouver n'est pas exactement situé sous les mêmes latitudes que Los Angeles…

*

À ce stade, ma mission touche à son *happy end*. C'est le côté à la fois fascinant et aussi, peut-être, un brin frustrant de ce métier de directeur de casting, intermédiaire certes indispensable, puisque « pas d'acteur = pas de film », mais dont la présence n'a plus lieu d'être dès lors que les rôles sont distribués. Et comme j'ai souvent plusieurs longs métrages sur le gril aux mêmes dates, il m'arrive de découvrir le fruit de mon travail lors de la sortie du film, comme tout le monde !

Pour *Le Jaguar*, j'ai pu savourer ma petite victoire d'avoir choisi le bon Wanu. Je me rendrai place de la Concorde sur le tournage à l'hôtel Crillon. Et ce que j'y verrai me prodiguera un grand plaisir : Francis Veber est heureux. Ceux qui connaissent le degré d'exigence du personnage savent de quoi je parle. Bon nombre d'acteurs se révèlent incapables de tourner sous sa direction, d'autres renoncent à postuler. Harrisson Lowe a échappé à ce petit supplice, lui qui n'a pas vraiment de rôle parlant dans le film, et dont les essais reposaient avant tout sur son gabarit, son allure, ses mimiques, sa gestuelle. Mais en fait, sur le plateau, comme je le dirai plus loin, Harrisson Lowe a donné beaucoup plus que cela.

*

Je marque une pause dans cette formidable aventure du *Jaguar* pour livrer, au passage, un petit cours de casting sous la baguette de Francis Veber. Francis ne laisse rien passer. Dès la première lecture, le couperet tombe : l'acteur met-il un souffle de trop, lance-t-il un léger « euh » en fin de phrase ? C'est irrécupérable. Il n'y a pas de second tour. J'avoue parfois en avoir des sueurs froides. Et pourtant, quel plaisir de collaborer avec un tel magicien de la syntaxe, fût-il éternellement insatisfait…

Et une fois qu'il est choisi, l'heureux élu n'est pas à l'abri d'un « au revoir, et merci » en plein tournage. Malheur à celui qui ne sait pas son texte à la virgule près ! Veber connaît toutes ses répliques par cœur. Il a tellement travaillé en amont sur ses scènes, peaufiné chaque détail… La comédie, c'est terrible. L'auteur peut plancher sur une séquence durant plusieurs semaines, jusqu'à ce qu'il trouve le bon ressort. Les scripts de Veber, c'est de l'horlogerie de luxe. Une écriture d'une précision incroyable. Si on enlève un mot, tout s'écroule. Pour lui, c'est une douleur d'écrire, une douleur féconde, bien sûr.

Veber attend de l'acteur qu'il sache dire une scène telle qu'il l'a écrite. Et il annonce la couleur :

« Un script, c'est une partition musicale. » Sur un plateau de tournage, il n'hésite pas à faire jusqu'à quarante prises pour obtenir sa musicalité. Et les acteurs souffrent. Je revois le talentueux Gad Elmaleh dans *La Doublure*, qui peinait à jouer exactement comme cela lui était demandé. Et sur ce même film, Jean Rochefort a bien failli faire demi-tour au deuxième jour de tournage. Comme l'explique Francis dans une interview que je viens de relire : « Avec Jean Rochefort, on s'était mal compris. Le soir, il est venu me voir en disant : "Je vais demander à mon agent d'arrêter tout ça parce qu'il faut que j'aie du plaisir quand je tourne et là… j'ai du déplaisir !" Et je lui ai répondu : "Je vais essayer de concilier ton plaisir et mon perfectionnisme… Essayons demain." Et le lendemain, ça s'est magnifiquement déroulé. Et il a dit cette phrase assez triste : "Je n'aurais pas tourné *L'Homme de la Mancha* comme je l'ai fait si j'étais passé entre tes mains." »

Ce que Francis Veber attend précisément des acteurs d'une comédie, c'est… de ne pas jouer, de s'exprimer à l'écran comme dans la vie. Surtout, il leur demande de ne faire aucun effet. « Surjouer » une situation forte, en comédie, revient à l'annuler.

*

Là, sur le tournage, au Crillon, la magie – indienne et « vébérienne » – opère : le petit

Harrisson nage comme un poisson dans l'eau. Habitué aux acteurs d'Hollywood, il s'étonne même des nombreuses prises réclamées à Patrick, qui avait un peu de mal au début, avant de prendre définitivement ses marques et d'incarner un Perrin émouvant et drôle. Sur le plan du jeu, Veber est aux anges.

Car Harrisson Lowe ne se révèle pas seulement capable d'adopter cette attitude touchante, magique, presque enfantine qui lui était demandée au départ, il dégage une intensité incroyable. De son regard aimanté, il s'empare de Perrin, impuissant à se débarrasser du petit homme au teint lisse.

J'ai revu pour ce livre le bonus du film *Le Jaguar* dans lequel Francis me fait l'amitié d'évoquer ce casting. Il dit la belle surprise qu'il a eue lors du tournage avec Harrisson Lowe : « C'est un véritable cadeau pour le film. Il ouvre très peu la bouche, mais quelle présence ! (...) J'ai dirigé cet Amérindien en anglais, mais c'est toujours un peu inquiétant de devoir diriger quelqu'un qui arrive de nulle part. Je me disais : "Qu'est-ce qu'il sera capable de me donner ?" En fait, Harrisson est un très bon acteur. Il a le sens de la comédie. »

*

Qu'il me soit permis ici de remercier Francis Veber pour ce superbe cadeau surprise qu'il m'a offert, alors que je venais tout juste de boucler ce casting de Wanu.

Je rentre alors des États-Unis, et viens dire à Francis combien que je suis heureuse qu'il m'ait lancée dans cette aventure. Combien sa confiance me touche, lui qui me laisse carte blanche pour trouver en chair et en os des personnages qu'il a imaginés si précisément qu'il les côtoie avant même qu'ils n'existent.

À ma grande surprise, je l'entends me dire : « Ça t'a plu, Los Angeles ? Retournes-y ! » Sur place, sa femme Françoise et lui me reçoivent divinement. Francis qui, à l'époque, était script doctor chez Disney, me propose de visiter leurs studios à Burbank, cette ville toute proche d'Hollywood, truffée de labels médiatiques : NBC, Warner Brothers et... Disney ! Je me retrouve seule avec un guide pour une visite privée. Par chance, toute l'équipe est en train de plancher sur le futur *Pocahontas*. On m'autorise à franchir ces barrières feutrées qui verrouillent les ateliers de fabrication. J'ai des étoiles dans les yeux.

Au cours des quelques jours qui restaient, le couple m'a fait découvrir Los Angeles. Merci, Francis, pour ces instants inoubliables. Merci de ta confiance.

*

Je quitte cette aventure du *Jaguar* sur ce petit clin d'œil à Josiane Balasko, pour qui j'ai

« trouvé » un personnage qu'elle ne m'a pas demandé de chercher, mais qui lui convient parfaitement… Ce personnage est indien, lui aussi. Il s'appelle Georges Aguilar. J'ai fait sa connaissance à Los Angeles, sur ce casting du *Jaguar*. À l'époque, il avait déjà joué dans *Bagdad Café*. Aucun rôle du *Jaguar* ne pouvait alors répondre à son profil. Mais je me suis souvenue de lui, et quelques années plus tard, lorsque j'ai dirigé le casting de cette comédie de Gérard Lauzier, *Le Fils du Français*, qui, lui aussi, se tournait en Amazonie, je l'ai fait venir à Paris. Et il a décroché ce rôle du chercheur d'or au Brésil dont Josiane Balasko (grand-mère du héros, un petit garçon de neuf ans) tombe amoureuse.

À leur retour du Venezuela, Josiane m'a appelée pour me dire qu'elle vivait une très belle histoire avec Georges. Et, comme dans les contes, « ils se marièrent »… et sont toujours mariés aujourd'hui, très heureux.

Les castings de la vie sont imprévisibles !

9

ACTEURS, ACTRICES : UNE ÉGALITÉ IMPOSSIBLE

Peu de rôles, diktat physique, jeunisme, cachets inférieurs : dur dur d'être une actrice !

Deux préceptes gouvernent la carrière d'une actrice. Le premier : « Tu seras belle. » Le second : « Tu seras jeune. » L'un des deux vient-il à manquer, la plus talentueuse des comédiennes risque le chômage. Bien sûr et par bonheur, de nombreuses exceptions et spécificités sont là pour contredire ces deux à priori jugés implacables. Trente ans de métier me confortent, hélas, dans ce constat révoltant : pour s'imposer sur un plateau de cinéma, il est préférable d'être une jolie jeune peu talentueuse que… le contraire.

Les difficultés rencontrées par les comédiennes sur le chemin de la notoriété, le statut très inégal qui en découle comparé à celui des artistes masculins, reposent d'abord sur une réalité statistique. On compte environ dix-huit mille acteurs en France. La distribution classique d'un film, c'est vingt-cinq rôles, dont vingt rôles masculins et cinq personnages de femmes jeunes et jolies.

Fragile, éphémère, soumis à une concurrence extrême : ainsi en va-t-il du statut des actrices.

*

Précepte 1 : « Tu seras belle. » De tout temps, la beauté est une exigence première, un critère dont on ne parle même pas tant il est considéré comme obligatoire. Si on met de côté ces individus très hauts en couleur, ces timbres de voix identifiables à la première syllabe, et ces visages singuliers – Alice Sapritch, Françoise Rosay, Bette Davis, etc. –, toutes les autres, de Danielle Darrieux à Annie Girardot en passant par Michèle Morgan et Micheline Presle, étaient belles. Pourtant, toutes n'auraient sans doute pas fait l'unanimité si elles avaient surgi à une époque différente de la leur.

Cependant, il y a des canons successifs de la beauté. Dans des temps pas trop lointains, l'un des plus spécifiques fut la mode androgyne des années soixante-dix, et celle de filles sans fesses ni seins, aux antipodes des standards *glamour* des années cinquante : Jane Birkin, Miou-Miou, Françoise Hardy. Ces belles de la décennie soixante-cinq-soixante-quinze auraient-elles fait tourner la tête d'un Gabin ? Sans parler de la vague d'actrices à cheveux gras, jamais coiffées, qui a envahi les écrans dans les années quatre-vingt et qui, heureusement, a vécu.

Depuis lors, un vent de fraîcheur souffle sur les plateaux de cinéma. Avec le gong des années deux mille, des jeunes filles vives et nature au teint clair, au regard anticharbonneux, se sont emparées de rôles ciselés pour elles. *Exit* les sulfureuses, du style Valérie Kaprisky ou Béatrice Dalle, moins de bouches très charnues et de poitrines à la Loana. Des films comme *Fauteuils d'orchestre* de Danièle Thompson avec Cécile de France, des séries télévisées – je pense à *Zodiaque* avec Claire Keim en 2004 – ont fait place à des visages non apprêtés, presque enfantins.

Naturellement, il ne s'agit là que d'une tendance. En fait, tout dépend du profil du personnage et de l'écriture spécifique du rôle, de la vision et du désir du réalisateur. Car la beauté, par essence, est subjective. Pour le film de Jean-Jacques Beineix, *37°,2 le matin*, Béatrice Dalle a été un choix très judicieux. Elle s'y est montrée parfaite. En revanche, elle possède un physique atypique, qu'un metteur en scène peut difficilement modeler à sa guise.

Il est plus simple, à la vérité, d'avoir une plastique « passe-partout » à la Cécile de France. Je l'ai rencontrée à l'Ensatt à Lyon, une école d'État qui forme à tous les métiers du cinéma. J'étais aux côtés de Dominique Besnehard, et je la revois telle qu'elle était alors : banale, les cheveux longs, une raie au milieu. Rien à voir avec ce qu'elle est devenue aujourd'hui. Je ne sais ce qui l'a transcendée, mais elle a incroyablement embelli.

Sa présence sur scène, son aisance, son intelligence de jeu, déjà détectables lors de cette première audition, n'ont fait que se confirmer au fil des propositions, et participent sans doute de cette métamorphose. Dès notre retour à Paris, nous lui avons mis le pied à l'étrier. Et la chrysalide est devenue papillon : Dominique l'a fait entrer chez Artmedia, la grande agence européenne d'artistes, et je lui ai fait tourner son premier téléfilm.

Mis à part quelques visages typés, doublés d'un tempérament fort, je pense à Marilou Berry, à Audrey Lamy, à Valérie Bonneton, l'héroïne du feuilleton télévisé *Fais pas ci, fais pas ça,* une « pas belle » de vingt ans a toutes les chances de se spécialiser dans les troisième et quatrième rôles : soubrette, gendarmette, femme de ménage… « Il faut faire rêver ! » martèlent les producteurs.

*

Précepte 2 : « Tu seras jeune. »

Le jeunisme règne en maître sur notre société. Il est surdimensionné dans l'univers du cinéma. Ce ne sont par les metteurs en scène qui en font un postulat, mais les producteurs, les financiers, ceux qui détiennent le pouvoir de l'argent, et, donc, le pouvoir de choisir les sujets… au sein desquels les rôles de jeunes comédiennes se révèlent nettement prépondérants.

Pour une actrice, il y a un cap à passer : la barrière des quarante ans. Toutes craignent le reflux des propositions, la pile de scénarios à lire qui fond soudain, la boîte des courriels qui ne déborde plus. Sur les tournages, les réalisateurs ont recours à toute sorte de techniques de lumière et de maquillage pour estomper rides et défauts. Mais pas de remède miracle : la caméra reste un miroir cruel. Les paroles machistes que j'entends en coulisses à propos d'ex-adulées, soudainement jetées comme un Kleenex usagé – « vieille peau, trop refaite », etc. –, ne concerneraient jamais un acteur… Les plus intelligentes sont celles qui tentent de devancer l'appel et qui s'engouffrent dans un rôle de mère avant même qu'elles y soient contraintes. À cet égard, la décision de Sophie Marceau de jouer la mère d'une adolescente dans *Lol* s'est révélé astucieux et gagnant. Et je suis personnellement très admirative de comédiennes telles que Simone Signoret et Annie Girardot qui ont eu l'intelligence et le courage d'adapter leurs choix artistiques à l'évolution de leur physique. Cela dit, nombre de comédiennes ont du mal à accepter le temps qui s'écoule. Comment le leur reprocher, alors que leur beauté est tout simplement leur fonds de commerce ?

Pour certaines d'entre elles, le changement de cap se traduit par une éclipse passagère… ou non. Nathalie Baye, par exemple, a failli passer à la trappe : quatre ou cinq années de traversée du désert, au milieu des années quatre-vingt-dix, où elle n'a pas travaillé du tout. Et puis, c'est reparti en 1999, avec *Vénus Beauté* de Tonie Marshall et *Une liaison pornographique* de Frédéric Fonteyne, deux films dans lesquels sa maturité et son charme ont agi comme un supplément à ce profil de femme sexuellement libre. À chacune sa route pour contrer les effets du temps. Mais elles sont nombreuses à partir à la casse, à rejoindre le cimetière des actrices trop vieilles…

Alors, bien sûr, la chirurgie esthétique est là pour aider à retarder l'horloge du temps. Pas de souci quand il s'agit de simples retouches, petits coups de pouce destinés à gommer les relâchements du visage, par exemple. Mais à forte dose, les injections de collagène, de botox, les fils tenseurs et autres techniques peuvent aussi faire des dégâts. Les chefs opérateurs disent que ces visages « refaits » prennent très mal la lumière. Certaines comédiennes, comme la si jolie Grace de Capitani, y ont laissé brutalement leur carrière, en y perdant infiniment plus qu'elles n'y ont gagné… À l'inverse, on trouve fabuleuse et pétillante Arielle Dombasle, qui, elle, a su en jouer, mais avec un corps de rêve filiforme qu'elle a la chance de posséder et le courage d'entretenir. La poupée sans âge qu'elle est progressivement devenue fait d'elle un personnage incontournable que l'on s'arrache au théâtre comme au cinéma. Mais ce type de rebond et de défi au temps est exceptionnel.

Car, la plupart du temps, ce sont les mêmes producteurs, et aussi, parfois, les metteurs en scène qui rejettent les « liftées » alors qu'ils se moquaient de ce qu'elles étaient auparavant, quand ils les jugeaient « trop tapées ». Personnellement, j'ai un peu mal quand je vois désormais la si belle Marisa Berenson, qui, certes, n'a plus de rides, mais qui n'est plus tout à fait… Marisa Berenson. Et si Catherine Deneuve continue de tourner aujourd'hui – et c'est tant mieux pour le cinéma comme pour elle-même –, on peut quand même se demander si elle n'est pas allée un peu trop loin… À l'heure où j'écris ces pages, je suis au Festival de Dinard. Ce soir, j'ai croisé Jacqueline Bisset, qui a gardé ses rides… et sa beauté fascinante. Et cela donne matière à réfléchir sur les promesses miraculeuses… du bistouri.

*

Heureux acteurs ! Par comparaison, qu'ils ne viennent pas se plaindre, même s'ils exercent un métier forcément complexe et, par nature, fragile. Pour eux, kilos en trop, cheveux en moins, tout est permis. Quelle injustice ! Aucune importance, par exemple, si Jean Reno est en surpoids pour jouer *La Rafle*, le film de Roselyn Bosch (2009), un drame sur l'arrestation massive des Juifs français en 1942... Car c'est Jean Reno, et, en l'occurrence, il apportait du financement. Je reviendrai plus loin sur le *star-system* du cinéma français et le cercle vicieux de l'argent roi qui « tue » la dimension artistique de ce métier.

Mais force est de constater que les exigences requises pour « eux » sont sans commune mesure avec celles qui gouvernent leurs sœurs de cinéma. La tolérance vis-à-vis des hommes est à la mesure de l'intransigeance que l'on réserve aux femmes. Non seulement « ils » peuvent jouer beaucoup plus longtemps qu'« elles », y compris des rôles d'amoureux aux tempes grisonnantes et aux mains calleuses, mais ils détiennent aussi le privilège de pouvoir entamer une carrière plus tardivement. De nos jours encore, je découvre des acteurs de quarante ans et plus, qui végétaient dans une petite compagnie théâtrale et qui, d'un coup, se retrouvent affichés dans une pièce à Paris.

Pour mémoire, Michel Serrault, Jean Carmet, Pierre Arditi, se sont révélés après avoir franchi le cap de la quarantaine. Certes, ils tournaient déjà au théâtre mais ils ont explosé au cinéma autour de cet âge, parfois ultérieurement. Comme François Berléand, qui a remporté le César du meilleur acteur dans un second rôle à quarante-huit ans et décroché, deux ans plus tard, son premier grand emploi dans *Mon idole* de Guillaume Canet. Ce type de décollage *in extremis* n'existe pas chez les actrices : à quarante ans, si on ne vous connaît toujours pas, inutile d'insister.

C'est un peu comme dans la vraie vie : un homme beau, au cinéma, c'est un type qui a du charme, qui dégage quelque chose de spécial. Mais quand je dis « cinéma », je parle du cinéma français. Car aux États-Unis, les acteurs sont infiniment plus « réussis », du point de vue physique, que les nôtres. Citez-moi un Brad Pitt français ? Je sens que vous cherchez… Moi aussi ! Guillaume Canet, peut-être ? Bien sûr, on trouve aussi des Gaspard Ulliel, Benoît Magimel… Mais ils peinent à décoller totalement.

Pire : nos grands acteurs *bankables* possèdent des visages presque disgracieux : Gérard Depardieu, Daniel Auteuil, Benoît Poelvoorde, Dany Boon, Jean Reno, Vincent Lindon, José Garcia… Et même, parmi les trente-quarante ans : Vincent Cassel, Clovis Cornillac, Frédéric Diefenthal… On est loin de George Clooney et de Leonardo DiCaprio !

*

Inégalité, donc. Y compris sur la feuille de paie : les cachets des acteurs sont comme leur ventre : nettement plus rondelets que ceux des femmes. Il n'appartient pas au directeur de casting de négocier les sommes. Cette mission-là incombe aux agents, qui en discutent âprement avec les producteurs. Mais il n'est un mystère pour personne que Jean Reno, à sa plus grande époque, empochait des cachets de deux millions d'euros par film, tout comme, aujourd'hui encore, Gérard Depardieu, Jean Dujardin, Kad Merad, Romain Duris. Il faut toutefois préciser que Jean Dujardin, par exemple, consent à des cachets plus ou moins élevés selon les films qu'il tourne : s'il a reçu un chèque de deux millions d'euros pour *OSS 117*, il est nettement moins payé sur le dernier long-métrage de Bertrand Blier, *Le Bruit des glaçons.* Mais, dans ce cas, son agent aura négocié un intéressement aux bénéfices…

Ces sommes, les plus cotées de nos actrices ne les atteignent pas, excepté Marion Cotillard qui pèserait autant, sinon légèrement plus, que Jean Dujardin, et Kad Merad ! Deux à trois fois moins bien rémunérées que les acteurs, les actrices les plus *bankables* – Audrey Tautou, Sophie Marceau, Mathilde Seigner – touchent des cachets qui s'échelonnent de sept cent mille à un million et demi d'euros par film.

Y a-t-il une explication à cette disparité ? D'un point de vue rationnel, aucune. La seule raison tangible repose sur ce constat : à de rares exceptions près que je m'empresse de citer – Nathalie Bloch-Lainé qui a longtemps détenu le pouvoir décisionnaire et financier sur Canal +

mais aussi Christine Gozlan, Carole Scotta, qui dirige Haut et court, une société de production et de distribution de films indépendante –, les films sont majoritairement produits par… des hommes. Ceci explique sûrement cela.

10

SORTIR !

Ciné, théâtre, auditions, festivals...
L'impératif marathon d'une directrice de casting

À chaque fois que ma vie de semi-noctambule m'est reprochée, je réponds par cette question toute simple : comment dépister des artistes en devenir si on ne sort pas ? C'est le b.a.-ba du métier quand on veut l'exercer avec un minimum de conscience professionnelle : découvrir, en avant-première, les nouveaux films, les nouvelles pièces, les derniers promus des cours de théâtre...

Dans ce chapitre, je veux braquer le projecteur sur les tribulations de la vie professionnelle d'une directrice de casting et leurs répercussions sur sa vie privée. Je désire, en effet, ouvrir les yeux de mes futurs successeurs, leur passer le témoin en les éclairant sur ce qui les attend : une double vie du jour et du soir, à la fois passionnante et épuisante. La journée est consacrée aux contacts et aux rendez-vous pris avec les comédiens, les metteurs en scène et les auteurs, sans oublier, bien sûr, la lecture des scénarios. Le soir, une autre journée commence, de vingt heures à une heure, voire jusqu'à 2 h 30 du matin pour se rendre à des spectacles, à d'indispensables soupers d'après théâtre et aux premières.

Et puis, il y a ces rendez-vous annuels qui, ajoutés les uns aux autres, mâchurent l'agenda de longs traits sur plusieurs jours, voire plusieurs semaines, durant lesquelles ma vie personnelle se fond dans l'exigence d'une présence quasi obligatoire. J'entends parler des festivals : Cannes, Cabourg, Dinard, Deauville et les autres au point que je pourrais intituler ce paragraphe en paraphrasant le film de Claude Sautet, *Vincent, François, Paul et les autres*. Ce sont des semaines « surlignées » à l'avance, que je ne veux manquer à aucun prix.

En fait, les festivals sont des lieux privilégiés, fertiles en rencontres, en contacts. À Cannes, dans ces soirées à dos-nu où l'on joue du bristol afin de décrocher un laissez-entrer pour lequel des journalistes *people* et des créatifs en herbe se damneraient, je prends le temps de discuter avec des metteurs en scène. Je les revois par la suite, et je peux ainsi travailler sur certains films dont je n'aurais jamais piloté le casting sans ce rendez-vous sur la croisette, pris quelques mois plus tôt. Et tant pis si je parais prétentieuse en le déclarant : à Cannes, j'ai mes entrées partout.

Je ne passe aucun coup de fil en amont. Je trouve cette foire d'empoigne aux badges et aux cartons d'invitation tout à fait pathétique : dès neuf heures du matin, quelques-uns sont déjà « armés », sur le pied de guerre pour tenter d'arracher un sésame leur permettant d'assister aux soirées de Canal + ou d'ailleurs ! Je déteste quémander. Cannes, pour une dingue de cinéma comme moi, c'est une consommation de films que j'ingurgite comme des Miko : les films présentés lors de la sélection officielle, bien sûr, mais aussi ceux de la *Semaine de la critique*, destinée à encourager la découverte de nouveaux réalisateurs, et le cortège des courts et longs-métrages sélectionnés pour la *Quinzaine des réalisateurs*.

Dans mes premières années de casting, le Festival de Cannes m'a beaucoup amusée. J'y ai déniché des endroits extraordinaires, je me suis retrouvée au cœur de fêtes somptueuses, les talons aiguilles plantés dans une poudre de sable encore tiède, les prunelles happées par les explosions magiques d'un feu d'artifice hollywoodien. Et je me disais : merci, merci, magnifique...

Maintenant, ma mission, à Cannes, à Deauville, à Dinard est devenue plus terre à terre. Dans la maturité de mon métier où je suis parvenue, les festivals restent les rares endroits qui me permettent d'actualiser mon répertoire d'adresses. Désormais, je vais à la rencontre d'acteurs dont je sais déjà le talent pour m'enquérir de leurs projets, de leurs ambitions, etc. Et, bien sûr, de leurs nouvelles coordonnées. Car l'obsession d'un directeur de casting est de posséder un épais carnet d'adresses qu'il ne doit cesser d'enrichir et de réactualiser. Sans un *book* criblé de numéros de téléphone et d'adresses courriels, il ne récolte pas, ou peu, de travail.

Le point capital de mon métier, c'est de pouvoir joindre en direct les plus grands acteurs du *box-office*. Ainsi les festivals m'offrent-ils la possibilité de rester en phase avec cette pépinière mouvante d'acteurs que le destin entraîne sans cesse vers d'autres voies et vies nouvelles. C'est aussi ce service qu'un metteur en scène attend d'un directeur de casting : qu'il lui apporte sur un plateau, si j'ose dire, le ou les comédiens qu'il a en vue pour son film. Dans cet univers du cinéma où les non-initiés sont des intrus, ces contacts-là, directs, rapides, sans intermédiaire ont une valeur inestimable.

*

Tout voir, ne rien laisser passer : un défi qui, au fond de moi-même, vire à la frustration tant je suis bien consciente qu'une vie ne peut suffire à lever le voile sur tous les spectacles et films qui se montent en France, et qu'il y a de fortes chances, malgré mon opiniâtreté, qu'un de ces jeunes espoirs à potentiel XXL me file sous le nez. Paris est la ville au monde où se jouent le plus grand nombre de spectacles vivants. Je me suis, un jour, amusée à faire le calcul : si je me rendais tous les soirs au théâtre, y compris en matinée les samedis et dimanches, je ne verrais au plus qu'une grosse moitié des spectacles vivants, pas davantage. Leur nombre est tout simplement incroyable.

Chaque jour, quatre ou cinq cartons d'invitations se bousculent sur une page de Filofax, parmi lesquels je dois établir des priorités. Par exemple, il me faut choisir d'être plutôt au gala des élèves de telle école d'art dramatique qu'à la projection d'un court-métrage dont l'auteur me jure qu'un jeune comédien y est époustouflant. CHOISIR. Trier, dire « non », et essuyer la bouderie de ceux à qui on répond : « Désolée, je ne peux pas venir ce soir, je vais ailleurs. » En général, je préfère privilégier les lieux où je risque davantage de faire la connaissance d'acteurs dont je n'ai jamais entendu parler.

Un directeur de casting est, par essence, perpétuellement insatisfait. Et il fait naître, dans l'exercice de son métier, beaucoup d'espoir… et de dépit. L'espoir, pour un artiste, d'être repéré, lancé. Son dépit, au lendemain d'essais par lesquels il s'imaginait déjà au générique d'un film, de ne pas avoir été retenu. Le désespoir, dans ce cas, on ne le rejette pas sur le metteur en scène, jamais tenu de dire à un comédien les raisons pour lesquelles il lui en a préféré un ou une autre. Le désespoir, on le rejette en premier lieu vers celui qui vous a dit : « Viens tel jour à telle heure, j'ai peut-être quelque chose pour toi. » Donc moi, en l'occurrence.

Oui, les larmes, après un rejet au lendemain d'un essai, elles sont pour moi, directeur de casting. Car, en amont, j'ai forcément tissé quelques liens avec le recalé : un jeune acteur que j'ai envoyé se raser avant de se pointer au rendez-vous – c'est une fâcheuse tendance que de voir débouler des jeunes pas rasés, pas coiffés, pas habillés, comme si leur physique négligé était censé leur donner du talent – ; ou une comédienne morte de trac avant une audition, à qui j'ai soufflé quelques conseils vestimentaires.

Alors, quand ils sont déçus... Chez certains, la pilule passe assez bien, car ils se sont habitués à ce *niet* qui fauche le moral sur le coup ; ceux-là repartent vers d'autres projets, sûrs de leur bonne étoile. Mais pour d'autres, moins préparés, moins cuirassés, le monde s'écroule. Il m'arrive de voir des jeunes en larmes qui se jettent à mes pieds en m'implorant. Et qui ajoutent à leur supplique ce terrible chantage affectif : « Je vais me suicider ! » Au début de ma carrière, quand je n'avais pas encore d'adresse professionnelle, j'en retrouvais certains sur le paillasson de mon appartement, bien décidés à me faire craquer.

Et, à l'époque, je dois bien avouer que ce genre de comportement me déstabilisait. J'allais me coucher la boule au ventre. De ce point de vue, mes deux premières années de métier ont vraiment été dures. « Comment les aider ? » Cette question virait à l'obsession. Et puis, je me suis blindée. Maintenant, je n'éprouve plus d'état d'âme : chacun choisit sa vie. Lorsqu'on décide de devenir acteur, metteur en scène, musicien, on sait fort bien que l'on n'entre pas dans la fonction publique. Il faut assumer une réalité impitoyable.

Un soir, j'ai relevé une lettre de menaces dans ma boîte aux lettres. Le recalé du jour testait un autre moyen de pression que le chantage affectif. Ce jour-là, j'ai dit : « Stop ! Fais ton boulot. » Et une fois n'est pas coutume : « Bouche tes deux oreilles. »

*

On ne peut pas faire travailler tout le monde, c'est impossible. Et contrairement à ce que certains acteurs imaginent, je ne fais pas la pluie et le beau temps. Je ne suis jamais qu'un simple intermédiaire entre un script et un metteur en scène, et je me plie aux desiderata des réalisateurs, même s'ils ne correspondent pas aux miens. Les acteurs pensent souvent que je ne parle pas d'eux, alors qu'à la vérité, ce sont les metteurs en scène qui n'en veulent pas…

Je le dis toujours aux acteurs qui débutent : essayez, tentez votre chance, mais gardez une activité à côté, toujours. C'est un métier tellement difficile, tellement précaire ! De nombreux jeunes espoirs restent sur le carreau. Au bout d'un certain temps, il faut savoir raccrocher. C'est dur, c'est cruel, mais c'est mieux que d'entretenir le rêve, l'intuition qu'on pouvait réussir, et qu'on n'a pas osé tenter sa chance. Je le redis : il faut savoir inscrire le mot « fin » sur une carrière qui ne décollera jamais.

J'ai cité précédemment des noms d'acteurs qui se sont révélés tardivement. Mais, quand Pierre Arditi, François Berléand étaient encore inconnus du grand public alors qu'ils avaient dépassé les trente ans, ils réussissaient néanmoins à vivre de leur métier. Dans le cas contraire, il faut abandonner et se diriger vers autre chose. Aucune passion théâtrale ou cinématographique déçue ne mérite que l'on gaspille sa vie à attendre. Moi, je me suis fait un baromètre : si, à trente ans, un acteur ne tourne pas trois fois par an, il doit envisager de se lancer dans autre chose. Et si, au même âge, une actrice n'est pas connue, elle est terminée pour le cinéma. Au théâtre, l'espace est plus ouvert, surtout pour ceux et celles qui bénéficient d'environnements familiaux. Car, sur les planches, il y a des familles d'acteurs, et il est plus facile d'y appartenir que d'y entrer…

Et quand on perce, rien n'est définitif. Le succès est un soufflé qui peut retomber à tout instant. Ce n'est pas parce qu'une starlette foule le tapis rouge du Festival de Cannes qu'elle va forcément se maintenir en haut des marches. Les comédiens exercent un métier de rêve, mais cela reste un métier. Leur meilleur allié pour garder le cap, c'est leur lucidité, cette armure qui leur permet d'affronter et de surmonter les déceptions, de demeurer zen alors qu'un rôle vient de leur échapper : OK, j'ai manqué celui-là, j'en ferai un autre...

Dans une carrière encore naissante, cet état d'esprit suppose que l'on ait envisagé autre chose en cas de revers sérieux. Et je n'hésite pas, quitte à passer pour une ringarde défaitiste, à donner ce conseil aux jeunes acteurs et, plus encore, aux actrices, que le succès propulse dans une existence aux dimensions soudainement *unlimited* : avoir toujours en tête qu'il est très important, quand on approche les cimes, de ne pas retomber, du moins, de savoir gérer une éventuelle dégringolade ; de garder, comme on le dit en langage populaire, « une poire pour la soif ». Je ne me mêle pas de la vie des comédiens que je côtoie à l'occasion d'un casting, mais ceux et surtout celles avec lesquelles il m'arrive de tisser des liens d'amitié connaissent ma manière de considérer l'existence d'un point de vue pécuniaire. Tu touches des cachets faramineux ? Ils le seront forcément moins demain. Donc, mets de l'argent à gauche, achète un appartement, vis bien, profite mais prévois.

Moi qui n'ai jamais été à découvert de ma vie, je sais « fermer les vannes » quand il le faut. Ce genre de réflexe protège les artistes de deux manières : il les prémunit contre les coups de torchon du métier, lequel rejette sans vergogne une star qu'il adulait la veille, et surtout, il les ancre dans la réalité. Quand on se trouve en permanence invité dans des hôtels somptueux, reçu dans des maisons de 2 000 m^2 où tout le monde est riche, il faut se souvenir que ce que l'on vit à cet instant n'est pas la vraie vie. Ce sont des cadeaux. S'ils arrivent, il faut les savourer mais ne pas s'y attacher.

Et, s'ils disparaissent, pas de panique : on a préservé autre chose, on sait vivre autrement, on a gardé les pieds sur terre. Les miens sont carrément ancrés dans la réalité, et je sais rester imperméable au faste de mes sorties. Je suis invitée à la cérémonie des Césars ? Formidable ! Je n'y vais pas ? Pas de quoi en souffrir. Mon ancrage me blinde. Cette déclaration peut paraître simpliste, mais ce genre de priorité est un sacré rempart contre la grosse tête et le pétage de plombs. Et comme je n'ai pas l'occasion de le dire à tous les comédiens que je croise sur ma route, je profite de ce livre pour délivrer ce précieux message.

*

Dans le milieu du cinéma, pour exister, il faut sortir le soir. C'est une vérité qu'un entourage familial n'est pas toujours prêt à entendre et à accepter. Le mien en a souffert. On dit souvent des professions envahissantes qu'elles vouent au célibat ceux qui en ont la charge. Alors que j'embrayais film sur film, je ne tardais pas à comprendre que le pire ennemi de mon mariage, c'était précisément... mon métier. Premier jaloux en lice : mon mari. Où étais-tu ? Avec qui ? À quelle heure ? Et qu'avez-vous fait ? Telles furent les questions récurrentes que je récoltais en fin de journée, c'est-à-dire autour de deux heures du matin, quand je programmais la sonnerie de mon réveil à 8 h 30, pour embrasser mes fils avant leur départ de la maison. Parfois, la question de mon mari virait à l'orage : « Tiens, "il" a changé de parfum ! » Et si, par gentillesse, je lui demandais de m'accompagner dans un de ces cocktails d'après spectacle où j'étais connue comme le loup blanc, je courais le risque de voir un nombre incalculable de flagorneurs de tout poil m'interpeller, telle la huitième merveille du monde : « Françoise, ma chérie ! » tandis qu'une main entourait mes épaules. Que ne ferait-on pas pour allumer la directrice de casting et lui arracher un rôle ! Dans ce cas, les questions se faisaient plus perfides : « Et... lequel n'est pas ton amant ? » Les actrices, bien sûr, savent ce à quoi je pense...

Hormis les coups de tempête conjugaux, il me fallut affronter la douce tyrannie de mes fils, qui essayaient de me voir entre dix-huit heures et 19 h 30 pour tout ce dont ils avaient besoin : listes de courses à programmer pour le lendemain, devoirs et carnets à signer, linge à vérifier... Je savais depuis toujours que ma véritable existence débutait quand je glissais la clé de mon appartement dans la serrure, et que la jeune maman que j'étais alors voyait apparaître ses deux petites têtes chéries.

Cet amour-là – absolu, gratuit – a eu un prix inestimable : il a structuré ma vie, il m'a donné des ailes pour affronter les caractériels, les fous furieux de ce métier où l'égocentrisme est roi, où le narcissisme des uns pollue la vie des autres. Parce que, par définition, les acteurs ne vont jamais bien.

Mes enfants ont tracé, par leur simple présence, une frontière entre vie publique et vie privée, entre les faux sentiments des embrassades professionnelles et les vrais bisous d'amour, entre les paillettes et la vraie vie. Une frontière en or, sans laquelle je n'aurais pas résisté.

*

Je termine ce chapitre par une réflexion personnelle dont je sais par avance qu'elle ne paraîtra pas crédible : posséder un nom à particule, dans ce métier, n'est pas aussi confortable qu'on pourrait le penser. J'en veux pour preuve cette délicieuse anecdote, qui en dit long sur le poids des à priori. Elle remonte à 1984. Je rencontre alors Yves Robert (*La Guerre des boutons, Le Grand Blond avec une chaussure noire, La Gloire de mon père* et *Le Château de ma mère,* ces deux derniers adaptés des romans de Marcel Pagnol) pour son film réalisé pour la télévision, *L'Été 36* (avec Michel Aumont et Marie-Christine Barrault), d'après le roman de Bertrand Poirot-Delpech dont le thème – les premiers congés payés – est pour moi, fille d'ouvrier, un sujet en or.

Je me prépare à ce rendez-vous, toute guillerette, mais gelée jusqu'aux os, car l'hiver 1984 est particulièrement rude, avec un thermomètre qui tombe à –18°, y compris à Paris, et je n'ai d'autre possibilité que d'enfiler le vison de la grand-mère de mon mari d'alors, manteau dont elle m'avait fait cadeau peu de temps avant son décès. Et je me présente à la production d'Yves Robert qui ne m'a jamais vue et qui voit débarquer cette « de Gueltzl » en vison.

Après un coup d'œil vertical, il me dit : « Françoise, pour les bourgeois du film, pas de souci, je sais que vous allez avoir des idées formidables ! Mais... les ouvriers, vous savez, c'est un monde particulier. Un monde que je connais bien, moi qui suis un ancien ouvrier imprimeur. Donc... » Là, ça fait tilt, et je le coupe dans son élan : « Écoutez Yves, pour les bourgeois, je vais essayer de vous les trouver, mais pour les ouvriers, je vais vous épater ! » Et, là, assise sur le vison de ma belle-famille, je me lance dans un récit qui le laisse pantois : mon père ouvrier communiste, neuf enfants, comme héros Georges Marchais dont mes parents buvaient les paroles...

Yves écoute mais ses yeux fixent, incrédules, le manteau et mon alliance en diamant qui nage autour de mon annulaire congelé. Je vois bien qu'il ne me croit pas… En guise de preuve, je lui pose cette question tout à trac : « Dites-moi, Yves, est-ce que vous savez nager ? » « Non », dit-il, sans comprendre où je veux en venir. Et j'ajoute : « Moi non plus ! » Et là, nous éclatons de rire tous les deux. Ne pas avoir appris à nager, à cette époque, c'était encore l'une des marques indélébiles d'une enfance pauvre. Ce moment de connivence, je l'ai vécu telle une chose extraordinaire, une solidarité soudain ressuscitée. Naturellement, tout a marché comme sur des roulettes pour ce film, et j'ai trouvé à Yves Robert, les comédiens de son *Été 36*, les cols blancs comme les ouvriers. Je suis ressortie de ce rendez-vous revigorée par ce passé qu'à l'époque je cachais encore, et qu'un grand cinéaste avait, lui aussi, connu de son côté.

Au fait, qui a dit que l'habit ne faisait pas le moine ?

11

L'ÉTONNANT SUCCÈS DES COMÉDIES

Le Dîner de cons, Camping, Bienvenue chez les Ch'tis *: ils font un carton au box-office. Mais attention : casting casse-tête !*

Que serait le cinéma français sans *La Grande Vadrouille, Le Corniaud, Les Bronzés, Trois hommes et un couffin, Les Visiteurs, Le Dîner de cons* ou *Bienvenue chez les Ch'tis, Intouchables* ? Au palmarès des genres cinématographiques, les comédies décrochent la palme d'or en nombre d'entrées au box-office, loin devant les polars, les films d'aventures et les drames.

Et je ne cite là que les très grands succès. *Bienvenue chez les Ch'tis*, c'est 20,5 millions d'entrées ; *Les Visiteurs*, 14 millions ; *Camping*, 5,4 millions, *Intouchables*, 14 millions d'entrées au moment où j'écris ce livre, et sa carrière est loin d'être finie. Si on abaisse la barre autour des 1 à 2 millions d'entrées, on trouve un nombre incroyable de films dits légers, dont le premier ressort est d'amuser, de distraire, de faire rire. Je ne me contente pas ici de parler des propres films dont je me suis occupée.

En 2009-2010, par exemple, quatre comédies ont vu le jour à quelques mois d'intervalle : *Les Beaux Gosses* de Riad Sattouf, une histoire d'ados amoureux, sélectionnée à la *Quinzaine des réalisateurs* au Festival de Cannes. Autre premier film remarqué : *La Première Étoile* de Lucien Jean-Baptiste. Il y est à la fois réalisateur et comédien, puisqu'il joue le rôle principal du père de famille qui emmène sa femme et ses enfants aux sports d'hiver. Ce film est un succès et remporte le grand prix et le prix du public du Festival de L'Alpe d'Huez, en 2009. Mais aussi *Neuilly sa mère* de Gabriel Julien-Laferrière dont c'est le premier long-métrage : l'histoire d'un jeune de quatorze ans, d'origine maghrébine, qui se retrouve à Neuilly-sur-Seine, au sein d'un milieu bourgeois. Sans oublier, bien sûr, *Tout ce qui brille* de Géraldine Nakache et Hervé Mimran, sorti en 2010, et dans lequel j'ai eu ce coup de foudre pour Audrey Lamy qui a poursuivi sa route ensoleillée avec un rôle phare aux côtés de Franck Dubosc dans *Plan de table*.

*

Pourquoi cet enthousiasme en faveur des comédies ? Hier, elles avaient pour simple mission d'amuser les Français, mais aujourd'hui, je crois bien qu'elles les soignent. Nous vivons dans un monde violent, cruel. Une comédie au cinéma, en fin de semaine, agit comme un antidépresseur… que l'on pourra ensuite consommer sans modération, chez soi, à la carte, en savourant un de ces DVD que l'on a déjà vus plusieurs fois mais dont on sait qu'il représentera, à coup sûr, une parenthèse agréable, une sorte de baume ou d'oasis dans cet environnement maussade où les sourires ont déserté.

Avec ces sujets-là, pas d'angoisse, pas de prise de tête, et cette possibilité, désormais rarissime au cinéma et à la télévision, de regarder un film en famille, en compagnie de ses enfants. Si *Bienvenue chez les Ch'tis* a si bien marché, c'est parce qu'il a touché les gens par sa tendresse, son humanité, et que des spectateurs de tous âges, de toutes conditions, s'y sont retrouvés. Il en a été de même pour *Je vous trouve très beau* d'Isabelle Mergault avec Michel Blanc, ou encore pour *L'Arnacœur*, un de ces succès auquel personne ne croyait, et sur lequel je m'attarderai plus loin.

*

En matière de casting, la comédie se révèle souvent être un casse-tête. En premier lieu, parce que certains répugnent à y venir. Elle n'en « jette » pas dans les dîners en ville, ce n'est pas chic d'avouer à quelque intello qui se repaît d'avoir monté Beckett ou Ionesco que l'on va incarner un « con », une fripouille ou un campeur… Ce milieu est terriblement snob et son snobisme l'étouffe. Plus un film séduit, plus il devient commercialement rentable, plus il est décrié dans les salons et ignoré des cérémonies officielles. Comment accepter, par exemple, que *Le Dîner de cons* n'ait pas reçu un seul César ? Inouï.

C'est un paradoxe : la comédie est l'art le plus difficile et le moins reconnu. Un art mineur, disent ceux qui s'empressent de tuer dans l'œuf un talent qui les encombre. Mais, tant pis si je dérange, je le redis : être drôle est plus dur que de jouer du Beretta dans un polar. Faire rire, ce n'est pas gesticuler ni succomber à une surdose de vulgarité. Les expérimentés des *one-man show* – Pierre Palmade, Muriel Robin, Gad Elmaleh, Michèle Laroque – en savent quelque chose : le texte, écrit au millimètre, passe sur le fil du rasoir. C'est un numéro d'équilibriste, le risque étant toujours de vouloir bien faire en en faisant trop.

Mais la récompense de ce talent-là se lit dans les chiffres : quand elles sont bonnes, et bien distribuées – d'où le rôle clé du casting –, les comédies sont rentables. Sans doute est-ce pour cette raison qu'on y trouve tant de premiers films – moins risqués financièrement que d'autres, estiment les producteurs qui consentent alors à miser sur un metteur en scène inconnu. Le public, en tout cas, est au rendez-vous. Et je m'en réjouis.

N'en déplaise aux détenteurs du cinéma intimiste, je voudrais dire des comédies qu'elles inspirent souvent des films plus fins que les autres. Leur satire hilarante n'est pas dépourvue d'intelligence et de sensibilité, bien au contraire. *La Crise* de Diane Kurys, *Le Dîner de cons*, et même *Bienvenue chez les Ch'tis*, offrent deux types de lecture. Une lecture comique immédiate et une autre qui s'attache aux mœurs, aux tréfonds (pas toujours avouables) de la nature humaine.

D'ailleurs, on ne lit pas ces films au troisième passage comme au premier. La première fois que l'on regarde *Le Dîner de cons*, Jacques Villeret apparaît en irrésistible bouffon dont on se moque. Au troisième visionnage, c'est la finesse du bougre qui vous saute au visage : au fond, si on l'extrait de sa maladresse et de son physique, n'est-ce pas lui qui pourrait convier tous les autres à l'odieux dîner ? Et que dire du personnage de Michou, incarné par Patrick Timsit dans *La Crise*, dont les leçons de politique et d'économie sont bien plus remarquables encore que ses facéties de pauvre type accroché aux basques d'un Vincent Lindon en costume-cravate lequel, au final, se montre plus fragile que lui ?

Les acteurs comiques sont d'authentiques tragédiens. Dany Boon, Jacques Villeret, Kad Merad, Patrick Timsit, mais aussi Annie Cordy, Line Renaud à ses heures, Michèle Laroque, Mathilde Seigner ont les larmes au bord du rire, à tout instant. On reconnaît cette ambivalence, entre sourire et détresse, dans *Meilleur espoir féminin* de et avec Gérard Jugnot, d'abord ridicule, puis tellement touchant en père provincial désemparé par le « kidnapping » mental de sa fille, tombée dans les filets insidieux du cinéma.

*

Mes castings de comédies sont un condensé d'enthousiasme, de folie et, souvent… de galères. J'ai décortiqué la méthode « Veber » à travers *Le Jaguar*. La fidélité de Francis Veber est à la hauteur de son talent, et elle me touche. Je l'ai retrouvé sur chacune de ses comédies, depuis *Les Compères*, en 1983, *La Doublure*, *L'Emmerdeur*, avec Patrick Timsit et Richard Berry dont je dois préciser, hélas, qu'il fut un bide retentissant. Cela causa un traumatisme à Francis, habitué à surfer sur la crête du succès. Personnellement, je ne croyais pas à ce *remake* de *L'Emmerdeur*, même si ces acteurs venaient de faire un carton au théâtre. Au cinéma, ils n'étaient pas de taille pour se substituer au tandem Jacques Brel-Lino Ventura, ancré dans la mémoire collective. En revanche, je suis convaincue qu'un couple comme Jean Reno-Dany Boon aurait pu fonctionner. D'où l'importance du casting. Je m'attarde brièvement sur celui du *Placard* avec Daniel Auteuil et Michèle Laroque, une satire qui nous plonge dans les arcanes torves d'une entreprise qui décide de virer un malheureux comptable à la personnalité sans relief... jusqu'à ce qu'elle découvre qu'il est homosexuel.

Ce film m'a permis de proposer à Michèle Laroque le premier vrai rôle que Francis Veber a jamais confié à une femme. Non plus une de ces femmes « en décolleté jusqu'à la raie des fesses », comme il le dit lui-même avec un clin d'œil au *Grand Blond avec une chaussure noire,* « mais une femme qui parle » ! Je l'ai présentée à Francis Veber, et n'ai pas hésité à mettre la pression pour que lui soit attribué ce rôle de collègue subtile aux côtés de Daniel Auteuil, magnifique en Pignon tragi-comique. Une fois de plus, je m'arrête un instant sur la difficulté, pour certains, de s'adapter au perfectionnisme de Francis Veber. Ainsi de Michel Aumont, dont le premier jour de tournage sur ce film se révéla particulièrement compliqué, et cela bien que les deux hommes eussent déjà travaillé ensemble. Je rapporte ici les propos de Veber qui s'explique dans une interview publiée au lendemain de la sortie du film : « Michel ne comprenait pas bien la façon de jouer. Au moment où Daniel Auteuil est sur le point de sauter par la fenêtre, il devait dire : "Faites pas ça, vous allez bousiller ma voiture, je suis garé juste sous votre fenêtre, vous allez me tomber dessus à tous les coups." Et il devait terminer en disant : "J'ai une vieille voiture, elle a été emboutie de tous les côtés, il n'y a que le toit d'intact, faites pas le con !" Or, il le jouait en tronçonnant. Il n'avait pas un ton ordinaire, il avait un ton « joué ». Je lui ai dit : "Plus tu seras quotidien Michel, plus ça va surprendre ce type qui est sur le point de faire une énorme bêtise." Il a eu du mal parce qu'il pensait que je lui coupais sa puissance de jeu. Alors que je lui demandais quelque chose de plus difficile, qui est de jouer comme je vous parle... Il y est arrivé le lendemain matin. »

L'une des qualités essentielles d'un directeur de casting est de savoir « coller » aux desiderata du metteur en scène. Je ne collabore pas avec Jean-Marie Poiré de la même façon qu'avec Francis Veber. Alors que celui-ci prise les acteurs « qui ne jouent pas », Poiré, au contraire, adore la démesure, à condition, bien sûr, que ces acteurs au jeu débridé aient contracté ce que j'appelle la *vis comica*, ce don que l'on porte en soi tel un virus et qui ne demande qu'à se révéler. Jean-Marie est un saltimbanque dans l'âme, doté d'un humour solaire. Travailler avec lui est un plaisir, même si sa tendance à s'éparpiller en fait un terrible monsieur « ingérable »...

J'ai des souvenirs de franche rigolade à ses côtés. À l'époque où Christian Clavier avait un mas à Eygalières, je les voyais écrire tous les deux, et ces séances-là étaient déjà un vrai spectacle, ponctué d'indescriptibles fous rires. Mais qu'on ne s'y trompe pas : œuvrer avec de telles personnalités n'est pas donné au premier venu, ce sont des êtres exceptionnels et leur monde est « à part ». Et c'est le talent d'un directeur de casting que de détecter chez les comédiens leurs capacités à se fondre dans cet univers-là.

De tous les films de Jean-Marie, mon préféré est *Mes meilleurs copains* avec Gérard Lanvin et Christian Clavier – des amis de jeunesse dans l'histoire qui se retrouvent et font un bilan doux-amer de ce qui reste de leurs rêves d'adolescents. Un flop à l'époque, maintenant devenu culte ! C'est à l'occasion de ce film que j'ai lancé la carrière de Jean-Pierre Darroussin, totalement inconnu alors, puis récompensé par le César du meilleur acteur dans un second rôle pour son interprétation dans *Un air de famille* de Cédric Klapisch. Depuis lors, il a été à l'affiche de nombreux génériques dont, bien sûr, celui du *Cœur des hommes* où son jeu est sidérant.

Je me suis beaucoup amusée dans mes recherches pour *Papy fait de la résistance*, une histoire que je connaissais sur le bout des doigts pour l'avoir vu jouer plusieurs fois au théâtre du Splendid. Je me souviens notamment du personnage du nain, que je suis allée trouver auprès de l'Association des personnes de petite taille. Sur place, je découvre son président, Patrick Petit-Jean. Je lui explique le projet, le rôle... Et là, il me dit qu'il ne veut surtout pas jouer un rôle de nain ! Jean-Marie et moi avons dû nous armer de patience pour le faire revenir sur sa décision et accepter le rôle. Ces souvenirs joyeux sont, hélas, ternis par une pensée pour la jeune Pauline Lafont, tragiquement disparue en 1988 et si heureuse de participer à cette aventure. Je suis certaine qu'elle aurait accompli une belle carrière.

Toujours avec Jean-Marie Poiré, je suis de casting pour *Opération Corned-Beef*. Et là, souffrance pour faire retenir le rôle féminin que je proposais, celui d'une jolie séductrice… que Poiré disait ne pas trouver à son goût. Elle était pourtant parfaite ! La jolie en question, Isabelle dans le film, s'appelait Isabelle Renauld à la ville. Elle a bien fait de s'accrocher en dépit d'un tandem Clavier-Poiré très misogyne, car elle y est magnifique.

Quant aux *Anges gardiens* avec Gérard Depardieu et Christian Clavier, autre succès du même cinéaste, on ne m'a pas envoyée, comme cela m'avait été promis au départ, jusqu'à… Hong Kong. Le tournage a été asiatique, mais le casting – moi, donc – s'est déroulé en France ! Et c'est dans le 13ᵉ arrondissement de Paris que j'ai dû dénicher tous les acteurs chinois… et francophones du film ! Une fois le casting terminé, l'ensemble de l'équipe s'est envolé pour Hong Kong, et moi, je suis restée sur le tarmac parisien… Ainsi en va-t-il aussi de ces métiers du cinéma, souvent moins « glamour » que l'imagine le commun des mortels…

*

Et puis, bien sûr, il y a cette gigantesque épopée des *Visiteurs*. Un exploit tant le budget était serré... Jean-Marie Poiré avait déjà choisi Jean Reno, Valérie Lemercier et Marie-Anne Chazel, à charge pour moi de trouver... tous les autres ! Soit trente-huit acteurs au total, que j'ai sélectionnés pratiquement seule, tant Jean-Marie déteste rencontrer les comédiens ! Il me laisse carte blanche, à moi de ne pas me tromper. Pour miser juste, je contrôle mon propre choix par un essai que, pour une fois, exceptionnellement et sans gaieté de cœur, j'assume de A à Z. J'envoie d'abord le scénario à l'acteur pressenti pour le rôle, et le convoque afin de tourner une scène. Et je filme. En général, je connais mon propre verdict avant même de visionner la séquence. Si le candidat m'a fait rire, c'est qu'il a toutes ses chances !

Et c'est tout naturellement que je me suis retrouvée sur *Les Visiteurs 2*. Je l'ai déjà insinué à propos de *La Boum* mais je l'affirme encore plus nettement à propos des *Visiteurs* : je déteste les suites ! Le second *opus* est toujours moins bien que le premier, et le casting presque toujours un problème, à fortiori lorsque le détenteur du rôle principal, auquel le public s'est attaché, déclare forfait. Ce fut le cas pour Valérie Lemercier, l'idéale Béatrice de Montmirail, récompensée par le César de meilleure actrice dans un second rôle.

Or, Valérie Lemercier n'avait pas envie de continuer l'aventure. Elle voulait voguer vers d'autres personnages. Très vite, j'ai pensé à Armelle, une actrice d'abord connue du grand public pour ses pubs légendaires – le poulet Le Gaulois, entre autres – et que l'on redécouvrit plus tard en secrétaire de direction « coincée » dans la série télévisée *Caméra Café*. Je l'avais déjà présentée à Jean-Marie Poiré, qui lui avait confié le rôle d'une infirmière belge dans *Les Anges gardiens*. Elle avait été parfaite dans cet emploi. Mais pour les producteurs, il fallait « un nom ». L'heureuse élue fut Muriel Robin, que j'apprécie énormément, mais qui n'était pas du tout le personnage. D'ailleurs, sur le tournage, elle n'a pas respiré la joie de vivre. Elle sentait bien que Frénégonde n'était pas pour elle… Mais en matière de casting, le mot de la fin appartient au metteur en scène et, plus encore parfois, à la production, détentrice du pouvoir financier.

J'en termine avec *Grosse fatigue* de et avec Michel Blanc, un film qui m'a valu une rarissime mésaventure. *Grosse fatigue* est l'histoire d'une star qui a pour sosie un type qui a une existence ratée, lequel se venge de sa médiocrité existentielle en pourrissant la vie du « vrai » Michel Blanc. Un film particulier, qui réunit une pléiade d'acteurs et de personnalités connus – Philippe Noiret, Charlotte Gainsbourg, Josiane Balasko, Christian Clavier, Marie-Anne Chazel, Johnny Hallyday, Gilles Jacob – et à qui l'on demande d'incarner dans le film ce qu'ils sont dans la réalité. Eux-mêmes.

Et donc, par contraste, pour la crédibilité du film, tous les autres personnages doivent être des inconnus, des anonymes, comédiens ou non, que j'ai été chargée d'aller débusquer où bon me semblait. Pour l'un des petits rôles, j'ai jeté mon dévolu sur une femme qui n'était pas vraiment comédienne mais qui semblait parfaite pour jouer la scène que Michel Blanc réclamait. Parfaite pour ce rôle, certes, mais au temps du cinéma muet ! Car le jour « J », pas un son n'est sorti de la bouche de la dame, tétanisée par le trac.

Mais cela n'a pas complètement gâté ce plaisir chanceux de travailler avec Michel Blanc, dont j'apprécie l'intelligence, la subtilité, la finesse. Naturellement, son exigence est à la hauteur de ses qualités. J'attends son prochain film avec impatience mais, fait rarissime, ce perpétuel insatisfait place d'abord la sévérité de ses jugements… face à lui-même.

*

Je suis une directrice de casting étiquetée « comédie ». J'avoue avoir parfois souffert du sectarisme de ce métier, de sentir qu'un certain cinéma d'auteur s'est détourné de moi, comme si le fait d'avoir travaillé sur des films populaires rendait incompétent. Un jour, une consœur plutôt « intello » m'a lancé : « Mais comment tu as pu faire le casting des *Dalton* ? C'est nul, *Les Dalton* ! »

Et pourquoi je ne ferais pas *Les Dalton* ? Pourquoi me faudrait-il, pour paraître intelligente, me spécialiser sur des films qui font deux cent mille entrées et que personne ou presque ne verra ? Les comédies marchent, au cinéma comme en version DVD. Mon nom y apparaît au générique, j'en suis fière. Et ce n'est pas parce que j'ai réussi sur les comédies de Poiré et de Veber que je ne suis pas capable de trouver les comédiens d'un film d'Abdellatif Kechiche (*La Graine et le Mulet*) ou de Xavier Beauvois (*Des hommes et des dieux*) !

D'ailleurs, je rappelle ici que j'ai travaillé avec des metteurs en scène comme Jean-Luc Godard, Andreï Tarkovski, Philippe Claudel, Roman Polanski ou encore Stephen Frears ! Mais rien n'y fait, je suis cataloguée « gros films commerciaux et populaires ». Malgré moi, on me propose plus de comédies que d'autres sujets. Au cours des trois dernières années, j'ai notamment signé *Imogene* avec Catherine Frot ; *Fatal* de Michael Youn ; *Le Père de ma fille* de Martin Valente ; *On ne choisit pas sa famille* de Christian Clavier ; *La Cage aux folles* (au théâtre) avec Christian Clavier et Didier Bourdon. Sans oublier *Merlin* avec Gérard Jugnot, qui a figuré parmi les films de prestige sur TF1. Et puis, je suis heureuse que Xavier Durringer, dont l'intelligence et la culture sont légion et qui bénéficie, dans le métier, d'une image d'homme chic et brillant, ait fait appel à moi pour le casting de *La Conquête* (2011) avec Denis Podalydès dans le rôle de Nicolas Sarkozy. De quoi donner une belle claque à ceux qui prétendent que je ne sais rien faire d'autre que du comique ! Depuis, j'ai enchaîné avec *Hiver rouge*, de Xavier Durringer, un formidable thriller psychologique pour la télévision dont la diffusion est à venir à l'heure où j'écris ces lignes.

Lors d'un rendez-vous récent lié au casting d'un premier film dit « de genre », c'est-à-dire sans classification particulière, j'ai proposé le nom de François Damiens, un acteur belge plein de promesse (César du meilleur acteur dans un second rôle pour le personnage de Marc dans *L'Arnacœur*). Et le réalisateur de repousser ma proposition : « Non, me dit-il, c'est un comique. » Pourtant, il suffit de regarder *La Famille Wolberg* (avec Valérie Benguigui et lui, tourné en 2009), pour constater que François Damiens est un acteur tout court. Sinon, autant considérer que Michel Serrault était trop « comique « pour jouer dans *L'Argent des autres* ou *Garde à vue* et que Coluche aurait dû être recalé pour *Tchao Pantin* !

Photo Pingouin

Me voici entourée de mes parents auxquels je dois tout.

Mon cher frère disparu.

Mes fils, ma force : Thibault et Thomas.

Claude Brasseur m’a fait entrer dans le métier.

Richard Jacobs, le patron d’1/33 Productions, m’a proposé de faire du casting.

Ma réussite : Sophie Marceau.

: suis entourée ici par Marie-Anne Chazel (à gauche), mon amie et la
ıarraine de mon fils, et Arièle Séménoff, la maman de Mélanie Doutey.

Marie-Anne Chazel et Christian Clavier en vacances (avec moi, pas très loin…).

Fête de fin de film (*Embrassez qui vous voudrez*) avec Michel Blanc et Mélanie Laurent.

Mon grand ami Gérard Jugnot.

Une bande de copains. On reconnaîtra dans le groupe, de gauche à droite : Agnès Soral, Jean-Marie Poiré, Josiane Balasko, Roger Miremont et Martin Lamotte.

Au Festival du cinéma au féminin de Bordeaux, en 2004. De gauche à droite : Marie-Anne Chazel, Naïma Kadiri (agent), moi-même et Macha Méril.

Mon cher Patrick (Bruel)…

Photo D.P.P.I.

Moustache au premier plan.

Photo Brigitte Lacombe

Jean-Louis Trintignant et Serge Marquand, dans les folles années du Star Racing Team.

Jean-Louis, pilote.

Je suis ici avec Christian Marquand et Maurice Ronet, à Bonnieux.

De gauche à droite : Maryse Lemestic (attachée de presse), Laura Smet et moi au Festival de Dinard.

Avec Nathalie Baye, la maman de Laura.

Ah ! Jean-Claude Van Damme !

Photo WireImage

Francis Veber m'a beaucoup appris.

Contre André Dussollier et accompagnée de Michel Boyer, président du Conseil supérieur de l'audiovisuel (CSA).

Avec l'agent Laurent Grégoire.

Avec le producteur Dominique Besnéhard.

Avec la cinéaste Charlotte Brändström.

Avec Claude Chabrol au festival de Luchon, en 2010.

Photo Domy

Lambert Wilson et Alice Taglioni au Festival de Dinard.

De gauche à droite : Jean-Jacques Zilberman, Judith Magre et Antoine de Caunes.

Mathilde Seigner dans son meilleur rôle…

À mes côtés : Sophie Lemaître (agent) et le réalisateur Martin Valente (*Un jour mon père viendra*).

Mélanie Laurent à ses tout débuts.

De gauche à droite : Bertrand Burgalat, Claude Chabrol, moi-même, Alain Tasma (réalisateur), Carole Richert (comédienne), Smaïn et Serge Moati.

Photo Domy

Je suis entourée ici d'Élodie Navarre et de mes « presque enfants », Alice Taglioni et Jocelyn Quivrin.

Toujours ma chère Alice...

Une nouvelle génération talentueuse : Mélanie Doutey, Gilles Lellouche, Jean Dujardin et Alexandra Lamy.

À ma gauche : Dominique (producteur) et Laurent Boutonnat (musicien, parolier et cinéaste) avec mon cher Jocelyn, à l'issue de la projection de *Jacquou le Croquant*.

Mon amie Danielle Gain (agent) et notre regretté Jean-Pierre Cassel.

Avec François Berléand.

Avec Gérard Jugnot et Philippe Claudel : une vraie rencontre.

Mon confrère Gérard Moulévrier au festival de Cannes, en 2010.

Je m'apprête à monter les célèbres marches en compagnie de mon ami Philippe Lepron, Muriel Réus et du producteur Tristan Duval.

12

STAR-SYSTEM À LA FRANÇAISE

Quand l'argent-roi tue l'artistique

Bankables ou pas *bankables* ? C'est l'une des questions qui prédomine dans les coulisses du cinéma français, encore sous le joug d'un *star-system* qui surpaie quelques dizaines de têtes d'affiche et leur adjuge deux rôles principaux sur trois.

Parmi les comédiens masculins, on compte une vingtaine de *gold bankables* : Jean Dujardin, Romain Duris, Guillaume Canet, Gilles Lellouche, Vincent Cassel, Édouard Baer, Franck Dubosc, Benoît Poelvoorde, Gad Elmaleh, Michael Youn, Vincent Lindon, Yvan Attal, José Garcia, auxquels s'ajoutent les indétrônables comme Gérard Jugnot, Gérard Depardieu, Daniel Auteuil, Gérard Lanvin, François Cluzet, Jean Reno, Dany Boon, Fabrice Luchini, Jamel Debbouze.

Puis, juste derrière ce club « AAA » du cinéma, se placent une dizaine d'acteurs capables, sur leur simple nom, de faire bouger les investisseurs : Benoît Magimel, Jérémie Rénier (qui explose dans le rôle de Claude François), Vincent Elbaz, Denis Podalydès, Jacques Gamblin (très en vue depuis deux beaux succès, *Le Premier Jour du reste de ta vie* et *Le Nom des gens*), Marc Lavoine, Clovis Cornillac, Albert Dupontel, Patrick Bruel, Jean-Pierre Darroussin, Jean-Pierre Bacri, François-Xavier Demaison.

Chez les comédiennes aussi, deux clubs d'élite se profilent. Au générique du tout premier cercle : Ludivine Sagnier, Isabelle Carré, Mélanie Doutey, Sara Forestier (*Le Nom des gens*) Leïla Bekhti (*Tout ce qui brille*, et César du meilleur espoir féminin pour ce même film), Laetitia Casta, Mélanie Laurent, Alice Taglioni, Bérénice Bejo (*The Artist*, aux côtés de Jean Dujardin, révélée dans *Meilleur espoir féminin* où je l'avais fait tourner), Géraldine Nakache, Audrey Dana (*Roman de gare* de Claude Lelouch) Marion Cotillard, Charlotte Gainsbourg, Cécile de France, Vanessa Paradis, Louise Bourgoin, Virginie Efira, Mathilde Seigner, Sophie Marceau, Sandrine Kiberlain, Marina Foïs, Emmanuelle Devos, Valérie Lemercier, Michèle Laroque, Josiane Balasko, Zabou Breitman, Catherine Frot (qui a un vrai public et qui réalise, en moyenne, un million d'entrées sur chaque film dont elle interprète le rôle principal, elle qui refuse les seconds rôles), Kristin Scott Thomas, Isabelle Adjani, Carole Bouquet, Nathalie Baye, Isabelle Huppert, Sabine Azéma, Catherine Deneuve, Charlotte Rampling, Jeanne Moreau.

Le second cercle aimante une dizaine de « noms » qui font frétiller les détenteurs du financement : Audrey Lamy, Laura Smet, Julie Depardieu, Marie Gillain, Alexandra Lamy, Marina Hands, Marie-Josée Croze, Héléna Noguerra, Julie Gayet, Julie Ferrier ou encore Florence Foresti.

Ainsi en va-t-il pour ces talents chanceux dont le nom s'inscrit en lettres capitales au sommet du générique. Très demandés, très chers, les acteurs et actrices *bankables* sont censés attirer le public, mais plus encore les producteurs, qui n'hésitent pas à les traiter en simples appâts interchangeables. Ils ne réclament pas untel et untel pour incarner des personnages ; ils veulent « des noms » synonymes, à leurs yeux, de détenteur d'un *jackpot*. Annoncer, par exemple, que l'on peut compter, en vue d'un projet, sur Gérard Depardieu ou sur Catherine Frot, affriole les producteurs et arrache le paraphe des directeurs de chaînes les plus récalcitrants. Ces noms fortement célèbres ont valeur de sésame.

*

Au risque de déplaire, je le dis sans détours : les cachets de ces stars-là, surtout celles du premier cercle, sont beaucoup trop élevés. De sept cent mille à un million cinq cent mille euros par film pour des acteurs comme Daniel Auteuil ou

Franck Dubosc ! Chez les actrices, comme je l'ai déjà noté dans un précédent chapitre consacré à l'inégalité qui sévit entre comédiens et comédiennes, ça « tilte » un peu moins sur leur compte en banque avec des sommes qui s'étirent de trois cent mille euros pour les « seulement » frétillantes, jusqu'à deux millions d'euros – mais c'est rarissime – pour une Marion Cotillard.

Les comédien(ne)s stars de la télévision – Véronique Genest, Mimie Mathy, Bernard Le Coq, Anny Duperey, Pierre Arditi, etc. – touchent des cachets dont le montant s'échelonne de deux cent mille à trois cent mille euros. Le budget total d'un téléfilm s'élevant autour d'un million huit cent mille euros, il ne reste pas beaucoup d'argent pour les autres... Et je trouve ces sommes exorbitantes alors que la durée de tournage d'un téléfilm plafonne à vingt et un jours. D'autant qu'il s'agit là d'une enveloppe non extensible, que le téléfilm soit simple ou compliqué, contemporain ou en costumes, avec dix ou soixante comédiens ! De ce point de vue, il n'y a aucune cohérence artistique !

Cette inflation galopante des cachets concerne uniquement les premiers rôles, lesquels, dans certains cas, dévorent à eux seuls plus de 15 % de l'enveloppe budgétaire du film. Ce qui me pousse parfois à sortir de mes gonds pour lancer à la cantonade : « À ce rythme-là, les stars finiront par jouer toutes seules, sur fond de cyclo

– le cyclo, est, au cinéma, la grande feuille de papier blanc qui sert de fond d'écran au jeu des acteurs – car il n'y aura plus personne pour leur donner la réplique ! » Plus un seul acteur de qualité, du moins... Les étoiles sont surpayées et, à l'inverse, les seconds rôles et techniciens – payés au minimum syndical – sous-rémunérés : telle est l'une des conséquences premières de ce *star-system* qui continue de régir le financement des films.

Mais le public, lui, ne le plébiscite plus tout à fait.

*

Car le *star-system* actuel ne correspond plus à ce qu'il fut dans le cinéma d'hier, au temps révolu des vedettes qui enflammaient le public dès lors qu'elles s'annonçaient au générique d'un film, ou qu'elles faisaient mine de s'asseoir discrètement à la terrasse d'un café, en chaussures blanches et lunettes noires. Ces années-là, on allait au cinéma pour voir « Bébel », alias Jean-Paul Belmondo, Yves Montand, Alain Delon, Catherine Deneuve, Simone Signoret, Annie Girardot.

Sans même connaître le thème d'un film qu'ils aimaient par avance, les *aficionados* retrouvaient leur chère star sur grand écran dans une histoire que des Audiard, Lautner, Molinaro... avaient concoctée pour eux. Les acteurs et actrices d'alors étaient des intouchables dont on se risquait à serrer furtivement la main, à quémander un autographe. Pour les producteurs, ces icônes étaient de l'or en barre. Et si les metteurs en scène s'appliquaient à leur servir des histoires bien ficelées, ils savaient qu'un éventuel navet ne les planterait jamais tout à fait.

Mais, à la différence de ce qui se passe aujourd'hui, les cinéastes de l'époque offraient au public, en supplément de leurs vedettes fétiches, une pléiade de seconds rôles archi-connus – des Jean Carmet, Charles Gérard, Paulette Dubost, etc. – que le public affectionnait, retrouvait, fidélisait dans sa mémoire. Ces seconds rôles étaient bien payés, tout comme les techniciens dont les signatures bien lisibles défilaient lentement au générique. Si les stars étaient coûteuses, elles entraînaient cependant dans le sillage de leur gloire toute une équipe d'artistes et de techniciens qui gagnaient bien leur vie.

De nos jours, c'est terminé. Les seconds et troisièmes rôles sont en voie de disparition et, quand ils perdurent, ils n'obtiennent plus que six cents euros seulement par jour pour les moins cotés, la moitié de ce qu'ils percevaient il y a quinze ans. Les plus en vue touchent trois mille euros, un cachet considéré comme formidable. Depuis les années deux mille, on mord donc sans scrupule dans l'enveloppe des uns pour allouer à quelques autres, censés aimanter le public. Absurde !

*

D'autant que, sur le front des entrées aux guichets, le *star-system* a vécu. Chacun peut s'en rendre compte : il n'est plus indispensable, désormais, d'avoir des acteurs connus pour qu'un film marche. Maintenant, les spectateurs vont voir un sujet. Sinon, comment expliquer le succès des *Beaux gosses*, de *La Première Étoile* et, surtout de *Case départ*, une comédie de Thomas Ngijol, réalisée par Lionel Steketee avec Fabrice Éboué et le même Thomas Ngijol, dont le thème est l'esclavagisme ? Une bonne histoire, un auteur et un réalisateur inconnus. Résultat : un million sept cent mille entrées ! Je me réjouis de ces succès-là car ils donnent du poids à l'auteur, au metteur en scène.

Bien sûr, ils laissent toute sa place au casting dont le travail artistique est d'aller chercher les bons acteurs, ceux qui incarneront avec justesse « le » personnage devant une caméra. Celui-ci ouvre ainsi les portes du cinéma à de jeunes comédiens qui accèdent au public sans passer par le filtre de la notoriété immédiate. En cela, ils rejoignent un peu le modèle anglais qui fait primer la qualité de jeu – avec un physique parfaitement adapté au rôle – sur leur célébrité.

En Grande-Bretagne, le *star-system*, au sens fort du terme, n'existe pas. Le cinéma y fonctionne différemment du nôtre. Les films produits sont beaucoup moins nombreux. Ils ne disposent pas des mêmes aides financières, et les acteurs gagnent en une semaine ce qui correspond à une journée de tournage en France. Une fois qu'ils sont engagés, ils restent à la disposition de la production. Les Français, eux, touchent un cachet évalué par jour de tournage, si bien qu'ils tournent parfois deux films en même temps ! Et les assistants réalisateurs de s'arracher les cheveux pour rendre les deux emplois du temps compatibles...

Chaque année, au Festival du film britannique de Dinard, je vois des films où des acteurs, souvent peu connus, brillent dans leur rôle parce qu'ils y apparaissent à leur place. Je ne peux pas citer tous les longs-métrages anglais qui m'ont séduite mais je retiens quand même *Billy Eliot*, *This is England*, et *Le Journal de Bridget Jones*. Outre-Manche, on n'engage pas un acteur sous prétexte qu'il est dans l'air du temps ! Et qu'on ne vienne pas me rétorquer que les acteurs britanniques sont meilleurs que les nôtres, tout aussi formidables. Encore faut-il le reconnaître... et le faire savoir.

Voici quelques mois, j'étais à l'avant-première du film de George Clooney, *Les Marches du pouvoir*, suivie, selon la tradition, d'un cocktail. Et les gens me déclaraient : « Tu as vu, Françoise, comme le film est bien distribué ? » Et je m'entendais leur répondre par une autre question : « Est-ce parce que ces acteurs sont américains qu'on ose dire qu'ils ont du talent ? » Je ne supporte pas ce snobisme teinté de morale judéo-chrétienne qui consiste, en France, à bouder le mérite et la réussite.

*

Que l'on me comprenne bien : je ne prétends pas qu'il ne faille pas engager de stars pour des films et je n'ai pas la prétention stupide de dire qu'elles ne font pas venir le public ! Mais elles le feront venir seulement si elles sont capables d'être précisément le personnage pour lequel elles ont été retenues. Et puis, si les metteurs en scène et les producteurs aiment les stars, qu'ils les fabriquent eux-mêmes ! Qu'ils cessent de piocher toujours dans la même réserve, qu'ils lancent des jeunes, qu'ils leur sculptent un nom ! Avec *La Boum*, Pinoteau a, d'une certaine manière, créé Sophie Marceau et, dans *Et Dieu créa la femme*, Vadim a inventé BB en blonde sulfureuse, alors qu'elle n'était encore qu'une jolie brunette sans relief particulier…

Le cinéma français doit s'ouvrir aux jeunes talents, cesser de voir en eux des inconnus à faible potentiel financier, mais de futures stars sur lesquelles ils doivent miser, investir. Et si le film est bon, il y a de fortes chances pour que le public soit au rendez-vous.

*

Car la vedette d'un film, c'est d'abord son histoire. Dans un projet, les fondations, c'est le scénario. L'écrire prend deux années de travail en moyenne, et non pas deux mois, comme certains l'imaginent quand ils campent une histoire sur un bout de table avec l'espoir d'entendre leur prose jaillir de la bouche d'un acteur. Ils rêvent !

Un scénario réussi, c'est-à-dire cohérent, s'apparente à un travail de fourmi. Il se découpe par séquences, décrit et analyse chaque situation, se traduit en dialogues. La précision du scénariste court sur tous les éléments du film : décors, costumes, son. Le tout ne doit jamais se départir d'une concision nécessaire. Il faut y trouver un thème, un ton, des couleurs. Et, bien sûr, un style d'écriture particulier à partir duquel, en ce qui me concerne, je suis capable d'extrapoler, de projeter (intérieurement), de « lire en images ».

Cela paraît paradoxal pour un art qui s'exprime en prises de vue, mais c'est le texte qui me donne la couleur du film. Et tant mieux si, au départ, je ne sais pas exactement ce que le réalisateur en fera concrètement. J'ai, en tête, ma propre image, celle qui me guide dans ma quête des comédiens. Quand je fais mon métier dans cette logique-là – partir du scénario pour aller à la recherche des acteurs, à charge, ensuite, d'aller démarcher un producteur qui dira *banco* au projet parce qu'il y croit –, c'est formidable. Car j'exerce alors mon métier dans toute sa plénitude artistique.

*

Hélas, un tel cheminement se fait de plus en plus rare. Contrairement à ce que font les producteurs anglais, qui se rallient aux choix du couple casting/metteur en scène en optant pour les comédiens qui correspondent le mieux aux personnages qu'il faut incarner, les producteurs français prônent le discours inverse. Duchemol n'est pas le personnage ? Aucune importance, rien de grave : l'engager sur le film va nous permettre de trouver du financement ! Pourtant, c'est grave ! Parce qu'un film n'est pas une vitrine d'acteurs à la mode ! Je me souviens combien j'ai été gênée par la distribution trop rutilante du film de Claude Berri, *Uranus*, où chaque rôle était tenu par un acteur célèbre : Michel Blanc, Gérard Depardieu, Philippe Noiret, Jean-Pierre Marielle, Michel Galabru, Daniel Prévost, Fabrice Luchini... Je ne suis jamais rentrée dans l'intrigue tant j'avais le sentiment de voir défiler des têtes connues qui venaient chercher leur chèque !

Les metteurs en scène souffrent de cette situation où ils se voient privés d'un pouvoir de décision – le choix des comédiens – qui devrait leur appartenir, bien conscients que l'ambition première du casting est de servir leur histoire. Mais c'est celui qui détient le carnet de chèques qui décide.

À la télévision, dans le cadre de la coproduction, le système de financement est encore plus pernicieux. Armé de quelques fonds de soutien – celui du CNC (Centre national de la cinématographie) et des Soficas (Sociétés pour le financement de l'industrie cinématographique et audiovisuelle) –, le producteur se lance à la conquête d'un casting suffisamment fort pour ensuite aller frapper aux portes de Canal +, de Studio 37.

Le système devient carrément ingérable quand les décideurs, au sein de la chaîne qui coproduit le film, interviennent en direct sur ce choix des acteurs, n'hésitant pas à rejeter les premières pistes avancées par le metteur en scène et le directeur de casting. Or, ils sont aussi compétents pour faire du casting que je le suis pour faire de la cuisine ! (Souvenez-vous : « Madame Picard ! ») D'autant qu'une chaîne comme TF1 n'a qu'une seule obsession : l'audience *prime time* et le montant des recettes publicitaires qu'elle pourra engendrer. Donc au final, c'est la publicité qui est aux commandes pour décider si le film pourra se monter.

Du coup, ces *business men* sont parole d'évangile. Quand bien même un auteur aurait-il écrit son scénario en songeant à un comédien précis, il suffit que TF1 ou Canal + dise : « Ah non ! On n'en veut pas… » pour que j'entende le metteur en scène m'annoncer à contrecœur : « Non, finalement, ce n'est pas lui qu'il nous faut. » Car ces auteurs réalisateurs ne gagnent pas sur un film ce que touche un *bankable* sur un plateau : de trente-cinq mille à cinquante mille euros pour un téléfilm, et de cent mille à cinq cent mille et plus, au cinéma, selon leur notoriété.

Et quand ils vivent pendant deux ans sans autre rentrée d'argent que les ASSEDIC et les spots publicitaires, ils se battent pour que leur projet se monte. On se retrouve alors dans l'esclavage du rendement où l'argent roi prime sur tout le reste. Et nous, directeurs de casting, nous sommes privés de tout pouvoir de négociation sur les sommes qui seront adjugées pour les rôles, lesquelles sont négociées par les agents des artistes.

Du coup, le directeur de production, dont la mission première est de faire gagner de l'argent au producteur, ne nous livre aucun devis, ce qui nous met dans une situation complexe. Dans la chaîne du financement d'un film, ce directeur est un personnage peu sympathique, mieux rémunéré que les assistants, car il est chargé de gérer le budget en vue d'augmenter la marge du producteur… Il rogne donc sur chaque poste. Tant et si bien que les producteurs ne prennent aucun risque. Si le film marche, ils deviennent riches ; et s'il se plante, ils n'y laissent pas de plumes.

Voici quelques mois, j'ai assisté à l'un de ces bras de fer menés contre cet effet pervers du star-system à la française. J'étais alors chargée de distribuer les rôles du délicieux film de Martin Valente, *Un jour mon père viendra,* avec Gérard Jugnot et François Berléand. Le producteur insistait pour que Géraldine Nakache joue le rôle de la fille de Jugnot et de François Berléand, ses deux pères présumés dans le film. Physiquement, ce n'était absolument pas crédible. Il faut malgré tout rester dans une logique de ressemblance. Je n'avais même pas besoin de m'attarder sur les qualités de jeu de cette comédienne formidable : jamais le public ne pourrait croire qu'elle pourrait paraître comme la fille de Jugnot ou de Berléand.

Mais Géraldine venait alors de percer dans *Tout ce qui brille,* elle avait la cote et, soudain, tout le monde la voulait ! Dieu merci, elle ne fut pas libre ! Finalement, ce fut Martin Valente, jeune réalisateur vraiment sympathique, qui eut l'idée de confier le rôle à Olivia Ruiz. Par bonheur, le nom de cette chanteuse a été suffisamment fort, aux yeux de la direction de TF1, pour s'aligner sur ceux des deux « vieux » héros du film, Gérard Jugnot et François Berléand ! Il est amusant de constater au passage qu'ils n'ont pas hésité à distribuer un rôle d'actrice à une chanteuse, sous le seul prétexte qu'elle était en vue.

Par miracle, ce fut un bon choix parce qu'elle se révéla excellente dans le rôle. Mais cela demeure un cas d'école car la bêtise du « jeunisme » des producteurs est sans limite !

À l'inverse, il me faut souvent lutter contre les idées préconçues des décideurs qui n'hésitent pas à repousser un chanteur dont les talents de comédien ne sont plus à prouver, mais qui, à leurs yeux, est étiqueté « chanteur ». C'est le « Reste à ta place ! » qui fige les gens dans un créneau, et leur interdit de changer de registre. En ce qui me concerne, j'ai d'abord connu Patrick Bruel et Marc Lavoine comme acteurs.

Ainsi, je me revois, travaillant pour le film de Pierre Boutron, intitulé *Fiesta* (1995), se déroulant sur fond de guerre civile espagnole avec Jean-Louis Trintignant, et en train de « me battre » pour imposer le jeune Marc Lavoine, celui qui chante *Les Yeux revolver*, dans le rôle phare de l'amant de Trintignant… Par chance, il a décroché le rôle où il s'est montré remarquable. N'en déplaise aux tenants du « Reste à ta place ! », des chanteurs comme Patrick Bruel, Marc Lavoine et Michel Jonasz sont aussi des acteurs magnifiques, des acteurs à part entière.

*

Enfin, le problème, pour un acteur qui a subitement le vent en poupe, c'est qu'il se voit réclamé pour jouer tout et n'importe quoi. Un exemple me vient à l'esprit : celui d'Éric Elmosnino, jeune acteur que j'ai entendu pour la première fois lors d'une audition au Conservatoire. Il a été révélé, depuis, à travers son rôle de Gainsbourg. Un producteur vient de lui proposer le rôle d'un bon paysan français ! En l'occurrence, ce n'est pas son talent qui est convoité, mais son nom. Les financiers font mine d'idolâtrer les stars, mais ils les traitent souvent en produits de tête de gondole. Et cela m'afflige !

Fort heureusement, certaines stars ont l'intelligence de s'impliquer financièrement dans les projets qui les intéressent. C'est le cas de Gérard Depardieu qui, systématiquement, investit dans les films où il joue. En outre, il s'arroge un mode de rémunération que tout acteur en vue devrait adopter : un cachet minimum et une prise de participation sur les futures entrées du film, mais aussi sur les revenus de tous les supports à venir : ventes du film à l'étranger, passages télé, vente des DVD...

Un geste fécond, pour Gérard, car les films qu'il a coproduits ont souvent été des succès, y compris – et surtout – l'audacieux *Mammouth*, conjointement réalisé par Gustave de Kerven et Benoît Delépine. C'est là un comportement sain dans la mesure où les stars sont censées drainer le public vers les salles. Si tel n'est pas le cas, on ne voit pas pourquoi elles gorgeraient leur compte en banque alors que le film est un bide...

Citons, bien sûr, l'exploit inédit de *Bienvenue chez les Ch'tis*, que Dany Boon a coécrit et coréalisé et pour lequel il s'est mis en participation, lui aussi, en tant qu'acteur. Face au record absolu du film – plus de vingt millions d'entrées ! –, il a redistribué une partie des bénéfices à toute l'équipe du film. Chacun a touché son enveloppe, assistants et techniciens inclus ! Du jamais vu dans la profession.

Mon ami Gérard Jugnot est également de ces acteurs-auteurs-producteurs qui mouillent leur chemise, un de ces *bankables* qui banque. Pas un seul film qu'il n'aborde sans y aller de sa poche. Sur *Les Choristes* également – un sacre de huit millions d'entrées –, il a mis son salaire en participation. Or, le projet a été très difficile à monter. Peu de producteurs y croyaient. Mais la ténacité se révèle souvent payante quand un réalisateur est sûr de son sujet. Gérard Jugnot a été formidablement récompensé de son investissement et ce n'est que justice, car il a pris des risques. Même démarche gagnante pour Romain Duris et Vanessa Paradis dans *L'Arnacœur*, qu'aucune chaîne ne voulait financer. Les deux *bankables*, ainsi que tous les autres acteurs, ont touché un cachet minimum et ont accepté le jeu de la participation. Ils ne l'ont pas regretté ! Le film, aujourd'hui vendu dans le monde entier, a totalisé trois millions d'entrées. François Berléand – le proviseur dans *Les Choristes* – s'est mordu les doigts de ne pas y avoir cru, lui qui a refusé de prendre une participation aux bénéfices, préférant toucher un cachet plus rondelet mais… définitif. Quelques années plus tôt, Michel Boujenah avait essuyé la même déconvenue dans *Trois hommes et un couffin* de Coline Serreau. Il ne se doutait pas que le film marcherait si bien et il n'a pas touché un franc sur les entrées ! Mais Roland Giraud et André Dussollier, qui avaient opté pour la participation, s'en sont frotté les mains.

*

Le système est criblé d'incohérences et d'injustices. Je constate que des films comme *Camping 2*, dopé par le succès de *Camping 1*, peinent à rentrer dans leurs frais tant le cachet des stars s'est envolé entre le 1 et le 2. Je vois de très grands du cinéma ramer comme des débutants pour trouver un financement. Ainsi de Bertrand Tavernier pour son film en costumes, *La Princesse de Montpensier*, sélectionné au dernier Festival de Cannes. J'en parle avec d'autant plus d'objectivité que celui-ci fait partie de ces metteurs en scène qui font leur casting eux-mêmes. Peu importe : qu'un cinéaste de cette trempe soit ainsi contraint de plaider sa cause auprès de « décideurs » me révolte.

Car les décideurs en question sont des hommes d'affaires, pas des artistes. Pour information, un film en costumes alourdit de 20 % le budget nécessaire à un long-métrage contemporain. D'une manière générale, les financiers n'y croient guère et ils ont souvent tort si l'on en juge par le *Discours d'un roi*, ce film britannique qui nous projette dans l'histoire méconnue du père de l'actuelle reine Elizabeth, et qui a cartonné dans les salles.

Il y a peut-être plus navrant encore : constater, alors que le producteur a touché son enveloppe, que l'argent ne se retrouve pas complètement investi… dans le film. Car le producteur fait ce qu'il veut de la somme qui lui a été allouée et qu'il répartit comme bon lui semble. Ce sont là des dérives malhonnêtes qui sautent aux yeux quand un film à gros budget, mais doté d'un casting raisonnable, ne brille ni par les décors, ni par les costumes, ni par les extérieurs. D'autres, au contraire, sont des chefs-d'œuvre visuels, tant l'argent investi est perceptible à l'image. Ainsi, le film de Radu Mihaileanu, *Le Concert* avec Yvan Attal. Le producteur ne disposait que d'un petit budget – treize millions d'euros, une somme fluette pour un tel film – mais il a vraiment mis le paquet afin que les sommes engagées se retrouvent à l'écran.

*

Le réconfort que l'on éprouve, en contrepartie de cet argent roi qui tue l'artistique, demeure le mystère toujours insondable du succès. Ces coups de cœur, ces mayonnaises qui prennent ou qui tournent sans que l'on sache vraiment pourquoi. Et certains plantages retentissants sont là pour rappeler ce danger qu'il peut y avoir, pour un financier, à considérer les stars comme une assurance « gros lot ». Récemment, deux films se sont pris une claque alors qu'ils bénéficiaient pourtant d'une distribution rutilante. Le premier qui me vient à l'esprit, c'est *Les Yeux de sa mère* avec Catherine Deneuve, Géraldine Pailhas, Nicolas Duvauchelle et Marina Foïs. Mais aussi *Sa Majesté Minor* du grand Jean-Jacques Annaud, avec José Garcia et Vincent Cassel. Même piqué pour *Les Bien-Aimés* de Christophe Honoré, une comédie musicale en compétition au Festival de Cannes de 2011, avec Catherine Deneuve et Chiara Mastroianni, dont aucune critique n'a dénié le talent. Et pourtant, le tandem n'a pas vraiment fonctionné.

Aussi regrettables et douloureux soient-ils pour les réalisateurs qui ont laissé deux ans de leur vie dans ces cruels insuccès, ces flops ont le mérite de rappeler aux comptables de ce métier que le cinéma est un art ; le succès, un mystère ; et les stars… des acteurs.

13

CAPRICES DE STARS

Certains acteurs se révèlent impossibles sur un plateau ; d'autres sont des perles. Et les plus pénibles ne sont pas forcément ceux que l'on imagine…

Quand il amorce un nouveau film et que nous ébauchons ses premières pistes de casting, Gérard Jugnot me lance cet avertissement : « S'il te plaît, aucun chieur ! » Pas facile de garder un langage correct pour fustiger ces gâtés de la vie qui, sans trop dire pourquoi – mais le savent-ils eux-mêmes ? –, pourrissent celle de leur entourage. « Pas de chieurs », dans la bouche de Gérard Jugnot réalisateur, a valeur de mot d'ordre : Dehors, les pénibles qui vont venir m'empêcher de tourner dans une atmosphère harmonieuse ! Me priver des joies de ce moment exaltant, tant attendu, où je touche au but, où le film va naître, après deux ou trois années passées à penser, écrire, puis à chercher du financement. Sur le plateau, Gérard veut de la bonne humeur, travailler dans le plaisir.

Avec l'expérience, je connais sa liste rouge des importuns du plateau, et marche sur des œufs lorsque je songe à un ou une possible jeune recrue pour l'un de ses rôles. Quand il se trouve de l'autre côté de la barrière, dans son métier de comédien, sur un film qu'il n'a pas écrit lui-même, Gérard Jugnot reste à sa place et fait son travail, à l'écoute du réalisateur. Jamais il ne se permettrait d'intervenir sur la mise en scène ou quelque directive de celui qui le dirige et à qui il accorde sa confiance. Cette déclaration peut surprendre et faire sûrement sourire, si l'on repense aux tout premiers grands rôles à succès de Gérard, si criant de vérité – *Les bronzés font du ski*, par exemple – en *chieur*, capricieux, mesquin, radin : l'envers de ce qu'il est sur scène ou derrière la caméra ! Et ce que je dis là à propos de Gérard Jugnot, je peux l'affirmer avec la même force de Michel Blanc, lui aussi grand acteur et réalisateur exigeant, converti aux mêmes préceptes de respect, d'harmonie, de professionnalisme et, par voie de conséquence, allergique à ces irascibles, grincheux ou colériques qui rendent l'atmosphère d'un tournage irrespirable.

*

D'une manière générale, les acteurs sont, par nature, des personnes compliquées. Ils parlent d'abord et avant tout d'eux-mêmes, ne vont jamais bien. Si ça ne marche pas pour eux, « il faudrait que ça marche » ; et si ça marche, « ça ne va pas durer ». Des insatisfaits permanents qui veulent que « tout le monde les aime ». Et qui oublient qu'il n'y a pas qu'eux sur terre et que, même hyper-talentueux, leur mérite ne saurait rivaliser avec celui d'un chirurgien qui sauve des vies… pour un salaire nettement moins confortable que leurs cachets. J'évoque là uniquement les stars *bankables*, bien sûr.

D'ailleurs, leur attitude est encore un mystère à mes yeux. On ne comprend pas, à priori, pourquoi un acteur, soi-disant « star », se comporte difficilement sur un plateau. Comment et pourquoi, alors qu'on le cajole à longueur de journée, que l'on vient le chercher à son domicile, qu'on est à l'écoute de ses moindres désirs, il peut ainsi se sentir le droit, et plus incompréhensible encore, l'envie de se rendre odieux !

Certains interviennent à tout bout de champ, se permettent de dire au metteur en scène qu'il doit placer sa caméra à tel endroit, ou refusent de porter tel vêtement. Attention : je ne dis pas qu'ils n'ont pas le droit d'exprimer ce qui les gêne dans leur jeu d'acteur – une phrase qu'ils n'arrivent pas à dire de telle manière, par exemple – mais à chacun son métier : le chef opérateur fait sa lumière, le metteur en scène dirige… et l'acteur joue. Et ceux qui ne respectent pas le territoire des autres finissent parfois par ne plus travailler !

Sans doute serait-il inconvenant de dresser une liste en decrescendo des personnalités les plus difficiles sur les plateaux de tournage. Mais il me semble, par exemple, que Richard Berry y occuperait probablement une place de tout premier ordre. Une véritable épreuve pour un directeur de casting. Personnellement, j'admire le grand talent de l'acteur comme du réalisateur et, à ce titre, je pense spontanément à lui dès lors qu'un rôle pourrait lui correspondre. Mais, à peine ai-je soufflé son nom à un metteur en scène que je redoute ce genre de réponse : « Trop compliqué... » Celui qui s'y est laissé prendre a juré, comme dans la fable, « qu'on ne l'y reprendrait plus » et les réalisateurs moins expérimentés ont eu vent de cette « mauvaise réputation ». Une fois, je l'avoue, c'est moi qui ai pris l'initiative de mettre en garde Francis Veber, dont je connais le degré d'exigence, et qui convoitait Berry pour le rôle du commissaire dans son film, *Tais-toi* : « Prends garde, Francis, il est difficile ! »

Francis a néanmoins maintenu son premier choix et Berry m'a fait mentir en se montrant très à l'écoute de Veber. Ce qui m'a valu ensuite cette réflexion sèche de Francis : « Fais attention à ce que tu dis. » Et il a retrouvé Richard pour le rôle de l'avocat dans *La Doublure*, puis celui de l'« emmerdé » dans *L'Emmerdeur* (pièce de théâtre et film). Mais depuis, la relation entre les deux hommes ne serait plus au beau fixe, après une collaboration difficile sur un dernier film. Sans doute les vieux démons de Richard sont-ils alors remontés à la surface…

À sa manière, Claude Rich mène la vie dure à certains réalisateurs. Ainsi de Jean-Daniel Verhaeghe, dont il a refusé de suivre des directives sur son téléfilm, *Le Procès de Galilée*. Bernard-Pierre Donnadieu, qui n'est plus de ce monde, était très incontrôlable sur un plateau, antipathique, caractériel. Richard Bohringer avait, lui aussi, une réputation d'acteur difficile, capable d'une violence verbale qui échaudait ceux qui, par ailleurs, louaient ses qualités d'artiste. Je peux également citer Édouard Baer, si difficile à gouverner qu'il met carrément les metteurs en scène sur les nerfs. C'est encore le cas de Fabien Onteniente qui vient de réaliser *Turf* (le film doit sortir en décembre 2012), une comédie sur fond de courses hippiques en Normandie. Une réalisation faite… dans la souffrance. La palme des irascibles, en ce qui me concerne, je la décernerai à Richard Anconina. Alors que je préparais *Mon père ce héros* (1991), un film de Gérard Lauzier avec Gérard Depardieu et Marie Gillain dans les rôles principaux, je me rendis à la projection du *Petit Criminel*, un film de Jacques Doillon, dans lequel Richard était absolument formidable. De retour à mon bureau, je téléphonai à son agent pour le lui dire, lequel me conseilla de l'appeler directement pour le féliciter. Voici notre conversation, rapportée mot pour mot : « Richard, c'est Françoise Ménidrey, je t'appelle pour te dire que je t'ai trouvé superbe dans le film de Doillon. » Sa réponse me laissa sans voix : « Qui t'a donné mon numéro de téléphone ? Je veux entendre le froissement du bout de papier sur lequel tu l'as noté, et que tu le jettes à la poubelle ! » J'eus la voix blanche et la bouche sèche : « Excuse-moi de t'avoir dérangé pour te complimenter. » Il bondit : « Alors, si je suis si génial, pourquoi je n'ai plus de propositions ? » Je m'en tins là, et raccrochai. Inutile de se demander pourquoi la carrière de Richard Anconina n'est pas à la hauteur de son talent…

*

Les actrices ne sont pas en reste, bien au contraire. Pour certaines d'entre elles, la vie d'artiste doit ressembler aux héroïnes de cette pub Lesieur qui déferle sur les ondes : « Je veux tout ! » Certaines formulent des desiderata aussi futiles que sans bornes : je veux ma maquilleuse, ma coiffeuse, ma loge grande comme ceci, peinte de telle couleur, je veux qu'on paie la nounou de mes enfants, etc. Comme le dit un acteur célébrissime dans un spot légendaire aux effluves de nectar : *what else ?*

Ce ne sont pas toujours les plus *glamour show off* qui sont les plus capricieuses. Kristin Scott Thomas, par exemple, qui diffuse l'image d'une femme très noble dans des rôles qu'on dirait inscrits dans ses gènes et où elle excelle, ne s'est pas toujours comporté avec la même élégance vis-à-vis de la production chargée de veiller sur elle. Sur *La Doublure* de Francis Veber, où elle incarnait l'épouse de Daniel Auteuil, on m'a rapporté qu'au premier jour de tournage, elle se montra très mécontente que la production n'ait pas déposé un bouquet de fleurs dans sa loge... Un oubli que l'équipe s'empressa de réparer le lendemain... Sans apaiser toutefois le courroux de l'heureuse destinataire qui fit alors remarquer que le bouquet n'était accompagné d'aucun bristol !

Même Philippe Claudel, réputé pour sa courtoisie et son humanité, n'est pas arrivé à être en empathie avec elle sur son film *Il y a longtemps que je t'aime,* sorti en 2008. Elle y joue la sœur d'Elsa Zylberstein, qu'elle retrouve après quinze ans passés en prison pour le meurtre de son petit garçon gravement malade. Film pour lequel Elsa Zilberstein a glané le César de la meilleure actrice dans un second rôle. Formidable ! Le talent justifie-t-il qu'on se conduise de manière inamicale ?

D'autres font preuve d'un comportement qui frise la déloyauté. Comme Marie-Josée Croze, une actrice québécoise qui mène une carrière internationale et qui a reçu, en 2003, le prix d'interprétation féminine à Cannes pour son rôle d'une junkie dans *Les Invasions barbares* de Denys Arcand. Elle m'a beaucoup déçue en se montrant désagréable sur le tournage de *Jacquou le croquant* de Laurent Boutonnat, un homme pourtant délicieux et calme, très à l'écoute des comédiens. Il n'a guère apprécié qu'elle aille jusqu'à cracher sur le scénario du film…

Quant à Amira Casar, l'héroïne de la série *Les Thibault* de Jean-Daniel Verhaeghe, excellente « Dora Maar », la compagne de Pablo Picasso dans le film du même réalisateur, *La Femme au chapeau rouge*, sorti en 2010, elle a une réputation de « très difficile ». Lors du tournage des *Thibault*, Jean-Daniel m'avait dit : « Plus jamais ! » Mais, quelques années plus tard, il est revenu vers elle pour le rôle de Dora Maar, non sans avoir longuement hésité. Dès le début du casting, il me confiait : « Elle serait parfaite, mais je n'en ai pas le courage. »

Puis, après des essais avec d'autres comédiennes, pas assez concluants à ses yeux, il l'a invitée à déjeuner. Il lui a fait part de ses réticences, elle lui a juré d'être docile. Mais elle n'a pas tenu sa promesse. « J'ai souffert, m'a-t-il dit, dès le lendemain du tournage, mais elle est formidable dans ce rôle. » Amira Casar a d'ailleurs décroché, avec Thierry Frémont, un prix d'interprétation au Festival de La Rochelle. Pour autant, je pose la question : Amira retravaillera-t-elle avec Jean-Daniel Verhaeghe ? L'avenir le dira.

*

Il existe, parmi ces êtres difficiles, une catégorie d'acteurs un peu à part. Ils ne sont ni méchants, ni parano, ni colériques, mais leur caractère éprouvant s'ancre dans une certaine incapacité à dominer leurs propres démons. Cela donne des personnalités angoissées, indécises, voire simplement désinvoltes.

J'en veux pour exemple un acteur que j'affectionne tout particulièrement. Il a un beau physique et beaucoup de talent. Mais hélas, Stéphane Freiss a la réputation d'être impossible. Non pas par volonté de nuire, mais simplement parce qu'il est terriblement angoissé, et que cette angoisse le rend insupportable vis-à-vis de ses partenaires. Au théâtre, les comédiennes qui partagent la scène avec lui souffrent de son caractère extrêmement changeant qui le pousse à tout remettre en question, en permanence.

Les réalisateurs le redoutent au point de bloquer par avance deux heures supplémentaires par jour de tournage ! Je ne sais pourquoi l'expérience acquise le rend d'autant plus difficile sur un plateau. J'ai connu Stéphane tout jeune, quand il avait dix-huit ans, et je lui faisais tourner des films publicitaires. Aujourd'hui, il alterne les comédies et les drames, théâtre, cinéma, téléfilms. J'éprouve de la tendresse pour lui et je le propose dès que j'en ai la possibilité. Mais hélas, les refus sont nombreux...

Un autre de mes acteurs préférés, mon tendre ami André Dussollier, me donne du fil à retordre tant il se montre indécis. Il met du temps à lire un scénario et, plus encore, il ne parvient pas à prendre une décision. Il réfléchit, hésite... Et le metteur en scène attend. Un jour qu'il me demandait comment il était perçu dans le métier, je lui ai fait cette réponse franche et directe : « André, tu as une magnifique carrière, et tu fais l'unanimité sur ton talent. Mais, à chaque fois qu'on prononce ton nom, on sait que le metteur en scène sera entré en postproduction avant que tu aies donné ta réponse ! » Il m'a promis de faire des efforts...

*

Pour toute une autre bande d'acteurs, l'absence de réponse à l'envoi d'un scénario relève carrément de la désinvolture. Des acteurs célèbres, formidables, réclamés et... injoignables. Ceux-là sont la vraie plaie des directeurs de casting. Certains ne lisent pas les scénarios qu'on leur envoie. Trop de propositions, sans doute. Ou de la négligence, voire un mépris que je ne m'explique pas toujours. Des metteurs en scène pensent à eux, écrivent pour eux, et ceux qu'ils convoitent ne prennent même pas la peine de décrocher leur téléphone pour dire : « J'ai lu, et c'est non. »

Je trouve cette attitude inconvenante, non professionnelle. Le metteur en scène les espère, je leur cours après, les relance sur leur portable, trépigne auprès de leur agent. RIEN. Sur ce terrain-là aussi, je possède ma liste rouge : Jamel

Debbouze, Alain Chabat, Benoît Poelvoorde, Romain Duris, Valérie Lemercier. Dès qu'un metteur en scène ou producteur souhaite l'un de ces noms, je leur suggère de partir sur plusieurs pistes en même temps, seul moyen pour eux d'avancer dans leur projet. Car je sais que la route sera longue avant que ces trop gâtés ne daignent donner signe de vie. Je m'insurge donc : « Cessons d'attendre deux mois qu'un acteur ait lu et passons à un autre ! » J'allais oublier Édouard Baer. Lasse de ne pas recevoir le moindre signe de sa part, je suis, un jour, allée le trouver dans sa loge, après une représentation. J'étais accompagnée de l'équipe au grand complet : metteur en scène, scénariste, productrice. Nous sommes venus lui remettre le scénario en mains propres ! J'entends encore ses paroles en me quittant : « Je le lis très vite, et je te rappelle. » Un an après, j'attends encore…

Ce manque de respect est aussi un manque de vigilance : tous oublient que personne, dans ce métier, ne reste perpétuellement au sommet. Je me souviens de Melvil Poupaud, à qui j'ai envoyé, voici quelques années, un texte auquel il n'a jamais répondu. Il venait alors de tourner Lucky Luke, son premier grand film populaire. Mais connaît-on encore Melvil Poupaud de nos jours ?

Je m'empresse donc de féliciter très chaleureusement ceux qui lisent les scénarios qui leur sont adressés et qui, très vite, décrochent leur téléphone pour dire oui ou non : Gérard Jugnot,

Christian Clavier, Gérard Lanvin, Daniel Auteuil, Michel Blanc, Josiane Balasko, José Garcia… Et, bien sûr, Thierry Lhermitte, qu'un jour, j'ai complimenté à ce sujet : « C'est génial, Thierry, quel bonheur ! Si tous les autres étaient comme toi… » Il m'a fait cette réponse dont certains désinvoltes feraient bien de s'inspirer : « Tu sais, Françoise, je n'ai pas toujours été comme ça. J'ai reçu un jour la lettre d'un type qui m'écrivait pour me relancer sur un scénario qu'il m'avait envoyé et auquel je n'avais pas répondu. Sa lettre se terminait par cette flèche que j'ai reçue comme un déclic : "j'ai écrit pendant dix-huit mois en pensant à vous tous les jours. Je vous demande 1 h 30 de votre temps !" Depuis, je lis vite… »

Mais à chacun ses défauts : Daniel Auteuil lit rapidement. Sur un plateau, c'est un vrai bonheur. Il est très professionnel, charmant. En revanche, pour un premier film… il ne faut pas compter sur lui. Jamais il n'a pris le risque de jouer dans le premier long-métrage d'un metteur en scène. Comme si un débutant était forcément mauvais ! Je trouve regrettable qu'un acteur comme lui n'ait pas la curiosité d'aller à la rencontre d'un talent à naître. Godard a forcément fait un premier film avant d'être Godard, et Jacques Audiard n'a pas été connu au premier long-métrage.

Peur, blocage… Pas facile de décrypter le mental d'un acteur. À l'opposé de Daniel Auteuil, Vincent Lindon fait beaucoup de premiers films.

Il adore lire les scénarios, Et il les lit attentivement, les décortique, puis rappelle très vite. Mieux : il téléphone directement au metteur en scène pour lui expliquer personnellement les raisons de son refus. Qu'il soit remercié dans ce livre pour sa vigilance ! Si tous ses confrères et consœurs agissaient comme lui, les metteurs en scène se sentiraient plus aimés et respectés. Hélas, petit bémol, Vincent rappelle surtout pour dire « non » ! À la sortie de la projection du film de Philippe Lioret *Toutes nos envies* où il figurait avec Marie Gillain, je lui ai redit tout récemment mon envie de l'entendre me déclarer plus souvent « oui ! ». Oui à des personnages autres que ceux auxquels il est peut-être trop attaché, oui au goût du risque qu'il n'a pas assez à mes yeux. J'en profite pour oser le secouer ici : « Vincent, je te connais depuis vingt-cinq ans. Promets-moi de dire "oui" à un sujet que je trouve intéressant, un terrain nouveau sur lequel tu refuses de t'engager ! Prends plus de risques, monte sur une scène de théâtre, par exemple, ce que tu n'as encore jamais fait. Allez, montre-nous tes tripes ! »

*

Je ne peux quitter ce chapitre, dédié, en apparence, aux personnalités difficiles de cet univers artistique, sans leur adresser un affectueux hommage, qui prouve combien ce métier peut se révéler perturbant. Dans un superbe documentaire diffusé sur France2, Yves Montand a ces paroles qui en disent long sur la difficulté, pour un acteur, de se comporter normalement dans la vie, quand on lui demande, précisément, face à la caméra, d'accomplir la prouesse extraordinaire d'être un autre : « Je suis narcissique, égocentrique, mais je m'en nourris, sinon, qui le ferait à ma place ? » Il y a, dans le talent d'un acteur, une forme d'impudeur indispensable pour dévoiler des sentiments sur une scène de théâtre ou face à une caméra. Et pas facile, pour lui, ensuite, dans la vraie vie, de ne plus regarder son propre nombril…

Quand il était au summum de sa carrière, Jean-Louis Trintignant m'a, un jour, expliqué qu'il allait arrêter de tourner, parce qu'« il se faisait peur ». « J'arrête, disait-il, parce que je deviens fou. Je ne sais plus qui je suis quand je me retrouve entre deux films et, comme je n'arrête pas de tourner, je me sens plonger dans une forme de folie qui m'angoisse… »

Et il n'a plus tourné.

Alors, s'il n'est pas question d'affranchir les acteurs de tout reproche sur des attitudes souvent inadmissibles, peut-être faut-il savoir comprendre, chez eux, cette poussée d'adrénaline qui les submerge, et qu'ils ne domptent pas toujours…

14

LES AGENTS : BOOSTERS OU PARASITES ?

Pourquoi ils peuvent faire manquer des films aux comédiens.

Le titre de ce chapitre n'a rien d'un titre fantôme, et je m'empresse de répondre à la question qu'il pose. Quand ils prennent leur métier à cœur, avec une mission qui ne consiste pas simplement à « se payer » sur l'acteur en prélevant 10 % de leurs cachets sans faire grand-chose, alors oui, les agents peuvent agir en *boosters* pour les comédiens qu'ils représentent. La majorité des petits agents correspond à ce profil dans la mesure où ils se démènent pour trouver des rendez-vous à leurs acteurs, pour lesquels ils contribuent à tisser un réseau relationnel indispensable à leur survie.

Les agents des *bankables*, en revanche, offrent un profil moins idyllique, et mon jugement à leur égard est plus réservé, parfois même carrément féroce : nombreux sont ceux qui agissent en parasites, profitant du rendement juteux que leur procure cet attachement aux comédiens, sans vraiment contribuer à leur succès.

*

Un agent, exemplaire à mes yeux, répare à lui seul l'inefficacité souvent désastreuse de sa profession : Laurent Grégoire. Une véritable star parmi les stars, tant il concentre dans ses mains le parterre de *bankables* le plus rutilant du cinéma français : Marion Cotillard, Monica Bellucci, Vincent Cassel, Emmanuelle Béart, Lambert Wilson, Karin Viard, Isabelle Carré, Jacques Gamblin... Laurent est fiable, ponctuel, réactif, efficace. Il fait preuve d'une intelligence en finesse auprès de son « écurie » de Formule 1 du cinéma, d'une dextérité dans les contacts qui lui permet de « gérer » des pointures aussi talentueuses qu'exigeantes, à la fois brillantes et fragiles. Pas facile de les soutenir, de les conseiller, sans jamais se départir de son sang-froid dans un *clash* irréparable.

Pour moi, directeur de casting, un tel talent vaut de l'or. Avec lui, pas de temps perdu. Je lui laisse un message, il rappelle ; lui pose une question, il répond. Du tac au tac, comme s'il n'avait rien d'autre à faire, alors que, précisément, il a en charge le portefeuille d'acteurs le plus étoffé et le plus complexe du métier. Je me demande toujours comment il s'y prend pour gérer ses affaires avec une telle facilité apparente. Fascinant !

Un vrai relationnel unit l'acteur à son agent, dont le point de vue pèse parfois très lourd dans les décisions qu'il est amené à arrêter. La compétence de Laurent Grégoire ne se limite sûrement pas à celle d'un secrétariat efficace. Cet agent-là sait lire et, quand un scénario est bon, que le rôle proposé à l'un de ses acteurs est fort, il ne perd pas une minute pour donner son point de vue à l'intéressé. Et ces comédiens à la carrière étoilée savent qu'ils peuvent compter sur sa vigilance. Non pas pour décider, ni juger à leur place, mais pour les tenir en éveil sur tout ce qui peut les concerner.

Une fois de plus, j'en ai fait l'heureuse expérience récemment, alors que je souhaitais offrir à Emmanuelle Béart le rôle féminin principal d'un joli film pour France 3, *Le Désert de l'amour*, adapté du roman de François Mauriac. J'ai envoyé le scénario à Laurent et, très vite, il m'a rappelée pour me dire qu'il le trouvait très beau, qu'il ferait son possible pour qu'Emmanuelle accepte le rôle… Ce qu'elle a fait, et avec enthousiasme.

*

Cette relation-là, vécue de manière positive entre agent et directeur de casting, se révèle, hélas, rarissime. La plupart du temps, les deux métiers coexistent sans cohabiter, dans une ambiance de rejet mutuel. Dès qu'ils le peuvent, les agents zappent les directeurs de casting, et ces derniers le leur rendent bien… Nos relations sont complexes, fluctuantes. Il faut dire qu'elles ont mal évolué, en ce sens que le casting est venu s'approprier certaines prérogatives autrefois dévolues aux agents.

Ainsi, dans le cinéma des années soixante-dix-quatre-vingt, des agences de comédiens se posaient en interlocutrices privilégiées des réalisateurs et des assistants à la mise en scène. En leur sein, des responsables prenaient alors connaissance des scénarios, ils étaient contactés puis reçus par les metteurs en scène qui leur exposaient leur projet de film. Les agents avaient alors un contact direct avec tous ces créateurs. Ils échangeaient des idées sur les rôles, présentaient de nouveaux comédiens, donnaient leur actualité théâtrale et cinématographique.

Progressivement, la situation a évolué. Aujourd'hui, les agents ne sont plus reçus directement. Tout comme leurs comédiens, ils doivent passer par les directeurs de casting… qu'ils ne rencontrent souvent qu'une ou deux fois par an, le temps de remettre leurs listes à jour. Ils nous tiennent ainsi informés du cheminement des acteurs qu'ils représentent. Internet a conforté ces relations épistolaires, puisque nous avons désormais un accès direct au site de ces agents. Et le dialogue en souffre…

La plupart du temps, nos deux professions s'accusent de gêne mutuelle. Nos territoires, il est vrai, ont des points de convergence qui, pour les acteurs, brouillent les pistes : les castings cherchent des comédiens pour un rôle ; les agents cherchent des rôles pour leurs comédiens. Tous deux sont en mission pour le compte d'un personnage, mais ce personnage n'est pas le même.

L'agent cherche à contenter un acteur qui le rémunère et dont il dépend, tandis qu'un directeur de casting cherche à satisfaire un metteur en scène sur un film précis. Il est rétribué par la production, à la semaine, beaucoup plus chichement que l'agent, mais cette rémunération lui donne un vrai pouvoir indépendant sur les acteurs qu'il propose ou ne propose pas.

Toujours est-il que les directeurs de casting sont de plus en plus nombreux. Et les agents ne les portent pas dans leur cœur… D'autant qu'ils disposent d'un vrai pouvoir : celui de ne jamais proposer un comédien qui n'est pas à leur goût. Et ça, pour un acteur, c'est violent. Certains – et je les comprends – crient à l'injustice : « Quand j'apprends que c'est untel qui fait le casting d'un film, me disait une comédienne tout récemment, je sais que je n'ai aucune chance ! » Et je reconnais que, sous cet éclairage-là, le casting peut constituer un frein redoutable à leur carrière…

En revanche, les directeurs de casting français, contrairement à leurs confrères anglais et américains, ne parlent pas « argent ». Ils ne négocient pas les cachets des acteurs avec les agents. Les directeurs de casting anglo-saxons et américains préparent ce que l'on appelle un *memo deal*, une sorte de pré-contrat incluant tous les desideratas des acteurs : caravane, loge, maquilleur, etc. Pour ma part, je me bats depuis des années pour que les directeurs de production me communiquent l'enveloppe budgétaire fixée pour la distribution artistique.

C'est important à mes yeux car je ne pense pas au même acteur si le cachet est de mille euros par jour, ou de trois mille. De toute façon, cette information ne me parvient qu'une fois sur dix. Et je suis convaincue que le directeur de production ne donne pas le cachet d'un comédien dans sa totalité. S'il dispose de mille euros pour un rôle, il en annoncera huit cents à l'agent, et en gardera deux cents pour le producteur. N'oublions pas que l'objectif numéro un d'un directeur de production est précisément… de faire gagner de l'argent au producteur.

Quant à l'agent, il négocie le montant du cachet au cas par cas. En général, il accepte, s'il s'agit d'un film de cinéma, que son poulain touche moins que pour un film de télévision. Mais, si le directeur de production me signale que l'acteur est trop gourmand, j'envoie un texto à l'acteur pour l'avertir qu'il est trop cher, et que, par conséquent, le rôle risque de lui échapper. Deux fois sur trois, ce dernier tombe des nues : il n'était même pas au courant du projet !

*

Un agent inactif, voire inintelligent, peut constituer un barrage plus hermétique encore.

C'est en ce sens que Laurent Grégoire constitue, à mes yeux, l'heureuse exception à l'attitude globalement négative de ces agents de célébrités, qui vivent avec une calculatrice sous la main droite, avec pour ambition première d'épater les comédiens qu'ils représentent par des négociations financières débouchant sur un cachet juteux… sur lequel ils prélèveront leur commission.

Ces non-consciencieux ne prennent même pas la peine de décrocher leur téléphone pour nous demander de venir voir leurs acteurs jouer, pour nous donner l'« envie d'avoir envie », comme le chante Johnny. Ils ignorent les scénarios qu'on leur soumet ou, plus naturellement encore, oublient carrément de les envoyer à leurs acteurs ! Souvent, j'enrage. Si seulement ils se contentaient d'être un bon secrétariat… S'ils voulaient bien noter les messages…

Au contraire, dans la plupart des cas, passer par le filtre de leur portable me fait perdre mon temps. Et je l'avoue, quitte à me faire quelques solides ennemis : le jugement qu'ils portent sur les acteurs qu'ils représentent ne m'importe guère. Quand j'ai déjà envie de tel acteur pour tel rôle, j'ai mes raisons, mon *feeling*, et celui de l'agent m'indiffère dans la mesure où je le sais téléguidé par un critère essentiel à ses yeux : l'argent.

Ce qui m'intéresse, moi, c'est de confier un rôle à un acteur que je juge idéal pour l'incarner.

Sachant que, pour cela, je vais gagner mille cinq cents euros pour une semaine de travail intensif. Et je ne vais pas prendre un seul euro à l'acteur, quand bien même je lui aurais déniché « le » rôle de sa vie, celui qui va le jeter sur le chemin de la gloire.

Rien de tel pour l'agent dont la rémunération dépend des cachets de « son » artiste. Si celui qu'il représente gagne un million d'euros pour un film, il empoche 10 % de ce million d'euros ! Serge Moati a, un jour, expliqué le côté pernicieux de cette profession qui, lorsqu'elle est exercée avec désinvolture, tient plus du tiroir-caisse que de la fibre artistique : « En règle générale, explique-t-il, je trouve que tout le travail est fait par les directeurs de casting et non par les agents car, au quotidien, c'est le casting qui est à l'origine de la distribution du rôle. C'est lui qui a eu l'idée de proposer l'acteur, a appelé l'agent pour lui expliquer le rôle, organisé une entrevue avec ou sans essais avec le metteur en scène. Et si l'acteur est choisi, c'est encore au casting d'appeler l'agent pour lui confirmer que c'est OK. Et au final, c'est l'agent qui prend 10 % en ayant seulement passé deux coups de fil ! Le casting, lui, est rémunéré comme un bon technicien… »

Je pose la question : un tel pourcentage pour ce type de travail, n'est-ce pas disproportionné ? Ces agents artistiques au chevet d'acteurs connus gagnent incroyablement bien leur vie. Au début de leur carrière, ceux du Splendid m'ont proposé de devenir leur agent. J'ai toujours décliné ce type d'offre. Pour rien au monde, je ne voudrais exercer ce métier qui tient à la fois de la nounou et de la régie, quand il s'agit de vérifier qu'une « diva » aura bien tout ce qui lui convient sur le tournage : maquilleuse, coiffeuse, caravane…

Surtout, je dormirais mal à l'idée de prendre 10 % sur chaque représentation d'un acteur qui, tous les soirs, mouille sa chemise sur une scène de théâtre pendant que je dîne tranquillement à une belle table, avec des amis… Sur une pièce comme *La Cage aux folles,* jouée par Didier Bourdon et Christian Clavier, par exemple, l'agent vit grassement sans rien faire. Et si « son » comédien ne gagne que cent euros par soir, c'est peut-être encore plus discutable. Et ça, pour moi, c'est inacceptable. D'ailleurs, en Belgique, cette notion d'agent artistique n'existe pas. On l'assimile à du proxénétisme…

Tirer sa rémunération d'une poignée de têtes d'affiche suppose qu'on les dorlote, qu'on les caresse dans le sens du poil en veillant d'abord sur leurs cachets. Les agents utilisent ainsi le plus clair de leur temps dans des négociations qu'ils restituent à l'acteur pour se faire mousser à ses yeux. Du coup, les cachets flambent. C'est ce qui s'est passé pour le film *Camping 2* pour lequel les agents, forts du succès de *Camping 1,* ont fait grimper les enchères. Du coup, le film est tout juste rentré dans ses frais !

Plus grave, peut-être, est le manque de franchise qui découle de cette dépendance financière. Ce n'est pas tout à fait un hasard si l'agent ne relance pas l'acteur afin qu'il lise les scénarios qui lui sont adressés : ce préposé artistique craint tout simplement d'être remercié et de perdre sa commission. Effet pervers pour le comédien qui ne reçoit plus de « vrais » conseils objectifs. Hormis quelques profils exceptionnels comme celui de Laurent Grégoire, les agents, à l'inverse des directeurs de casting, n'osent pas souffler à leurs poulains des vérités que ces derniers ne souhaitent pas entendre… et qui les feraient sans doute avancer. Mais, comme l'a écrit La Fontaine : « Apprenez que tout flatteur vit aux dépens de celui qui l'écoute »…

Autre retombée négative : certains agents « dirigent » les acteurs vers ce qu'ils considèrent comme des rôles porteurs pour le comédien, et… juteux pour leur compte en banque. Appelez-les pour leur annoncer qu'un jeune metteur en scène dans le coup pense à l'une de leurs actrices pour un rôle phare, et ils accourent ! Proposez-leur, en revanche, un premier film d'un metteur en scène inconnu, ou jugé *has been*… et ils oublient facilement d'informer l'acteur convoité, quand ils ne s'opposent pas carrément au projet. J'en ai fait la pénible expérience, dernièrement. Depuis quatre ans, je suis aux côtés de Jean-Loup Hubert, le réalisateur de grands films comme *Le Grand Chemin* (1988 ; Richard Bohringer a décroché le César du meilleur acteur pour ce film et Anémone, celui de la meilleure actrice) et *Marthe*, pour le soutenir dans l'accomplissement d'un très beau projet écrit de sa main.

J'ai proposé son script à des acteurs *bankables*... qui m'ont fait savoir que leurs agents respectifs leur recommandaient de ne pas faire le film, écrit par un *has been* ! Qui sont ces jeunes agents pour s'exprimer de cette manière ? Qui sont-ils pour se permettre d'enterrer ainsi un auteur réalisateur de la trempe de Jean-Loup Hubert ?

*

Certains acteurs prennent soudain conscience qu'ils frôlent la ligne rouge en mettant leur destinée artistique dans les mains d'un « conseil » qui décline les propositions qui leur sont faites, et ce, avant même qu'ils n'en aient eu connaissance. Ainsi de Gérard Lanvin. Il a congédié son agent qui avait jugé qu'un script n'était pas pour lui sans le lui soumettre !

Un autre exemple montre combien les acteurs ont tout intérêt à s'en remettre à leur propre instinct. Voici deux ans, j'ai été contactée par Alexandra Leclère, une jeune metteur en scène qui venait d'écrire son premier long-métrage, intitulé *Les Sœurs fâchées*, un duo simple et fort écrit pour deux actrices : Isabelle Huppert et Catherine Frot.

Quand Alexandra Leclère me fit part de son projet, je me gardai bien de lui dévoiler ce sentiment d'impuissance qui m'envahit. Car, en mon for intérieur, c'était Waterloo : Huppert et Frot sur un premier film écrit par une inconnue, inutile de rêver ! Le barrage le plus difficile à franchir, c'était d'obtenir des deux stars qu'elles consentent à lire le texte.

J'envoyai le script à leurs agents respectifs, laissai plusieurs messages sur leurs boîtes vocales : pas de réponse. En désespoir de cause, Alexandra me dit : « Mes enfants vont dans la même école que le fils d'Isabelle Huppert. » Je lui conseillai alors de faire du *forcing* : « Pars tous les matins avec ton scénario sous le bras, lui conseillai-je. Et si tu croises Isabelle Huppert, tu le lui remets en mains propres ! »

Et Alexandra Leclère de suivre mon conseil. Un matin, elle accosta la comédienne et se lança : « Voilà : je suis mère au foyer, j'ai deux enfants, et j'ai écrit ce scénario en pensant à vous. » Isabelle Huppert prit poliment le manuscrit, le posa sur une étagère de son salon et l'oublia. Deux mois plus tard, elle le lut enfin. Et elle accrocha à cette histoire de deux sœurs que tout sépare, le style de vie, le physique, le tempérament, et qui, pourtant, vont devoir cohabiter sous le même toit.

Après une deuxième lecture, Isabelle Huppert confie son enthousiasme à son agent, à qui elle demande de bien vouloir organiser un rendez-vous avec l'auteur. Celui-ci s'exécute, les deux femmes se rencontrent plusieurs fois, le courant passe, et Catherine Frot se greffe facilement sur le projet pour lequel elle donnera, elle aussi, son accord. Tout va bien, donc, mais l'agent, lui, conseille à Isabelle Huppert de ne pas signer ce projet. Motif : elle mérite mieux que ce premier film ! La comédienne n'en tient pas compte et donne son accord.

Sorti en 2004, *Les Sœurs fâchées* enregistre plus d'un million et demi d'entrées ! Et Alexandra Leclère vient de signer son troisième long-métrage. Sans commentaire…

15

JEAN DUJARDIN : SON SEUL GUIDE, C'EST LUI-MÊME

Pour la nouvelle idole du cinéma français comme pour d'autres acteurs et réalisateurs, l'instinct se révèle bien plus efficace que les plans de carrière.

Le succès flamboyant de Jean Dujardin me fait plaisir. Non seulement parce qu'il est amplement mérité, mais parce qu'il conforte ce que je ne cesse de dire à certaines stars, soumises à la torture permanente de ce tri qu'elles doivent faire entre des propositions qu'elles acceptent et d'autres qu'elles refusent : osez vous sentir libres dans vos choix, osez aller là où vous avez envie d'aller. Réussissez sans « faire carrière » en vous épanouissant.

Dans toutes les phases de mon métier de casting, j'ai à cœur de défendre cette notion de plaisir, indispensable pour s'imposer dans un métier artistique. Comment accepter un rôle qui vous rebute ? Comment refuser un rôle qui vous attire et qu'une sorte de mauvaise conscience raisonnable vous incite à repousser ? Cette notion-là devrait être une priorité. Elle est d'ailleurs sur toutes les lèvres, quand les comédiens s'expriment lors d'interviews : « J'ai fait ce rôle parce que j'avais envie d'aller vers ceci ou cela… » Mais moi qui œuvre en coulisses, je sais que, trop souvent, hélas, ils hésitent, se tourmentent, se morfondent. Et que d'autres – les agents, pour ne pas les nommer à nouveau – leur mettent la pression en leur martelant des phrases qui finissent par les museler : « Non, ne fais pas ça, c'est mauvais pour toi. »

Jean Dujardin, je l'ai vu débuter, puis grandir. Lui aussi a fait appel à des agents qu'il a jugés finalement peu utiles. Maintenant, c'est son frère qui gère ses affaires. Et je me délecte de le voir brouiller les pistes avec un tel panache. La télé l'a fait connaître, et c'est au cinéma qu'il explose. Chapeau !

*

Quand on lui demande sa recette, il répond simplement que, justement, il n'en a pas. Il pilote au radar, au bonheur de dire « oui » quand il a envie de dire « oui » ; et de dire « non » dans le cas contraire. S'il avait écouté toutes les prophéties funestes qu'il a pu entendre depuis qu'il fut Loulou dans *Un gars, une fille*, jamais il ne serait parvenu sur la plus haute marche où son prix d'interprétation pour *The Artist* vient de le hisser.

Alors qu'il s'apprêtait à le recevoir à Cannes, Jean m'a retracé, en quelques flashs, ces tournants décisifs qu'il a su prendre en « tenant bon » : « Quand on m'a proposé *Un gars, une fille,* tout le monde m'a dit "Surtout, ne fais pas ça !" ; quand j'ai fait *Brice de Nice,* on m'a dit : "Tu es fou, tu vas te planter !" Résultat, je n'ai fait que ce qui me plaisait et je crois ne pas m'être trompé. »

*

Deux mots fusent dans sa bouche, dès lors qu'on lui propose un rôle : « Pourquoi pas ? » Ce n'est qu'ensuite qu'il se contraint à un minimum de réflexion pour creuser le sujet, entrevoir s'il s'y sentira bien, si ce qu'on lui présente lui convient. « Pourquoi pas ? », ce sont des paroles ouvertes, une main tendue, un « peut-être » sans à priori. Un jour que nous discutions ensemble, il m'a lancé tout à trac : « J'aimerais bien faire dans une année une comédie, et tout autant jouer dans un thriller. » En 2004, il a tourné *Le Convoyeur* de Nicolas Boukhrief avec Albert Dupontel et François Berléand.

Et c'est ainsi que Loulou a posé sa lourdeur de jeune mec bourré de défauts standard pour se muer, en 2006, en James Bond *bis* d'OSS 117.

Gagneur, flingueur, tombeur. Oubliés les tee-shirts-caleçons de Loulou ! Les spectateurs n'en sont pas revenus de découvrir en lui un *french lover* en smoking avec nœud pap. Et ils l'ont suivi dans les arcanes de ses propres aventures, acceptant ensuite que Loulou s'appelle Brice, où le *french lover* s'est soudain transmué en vieil ado surfeur aux longs cheveux filasse !

Voici quelques mois, la consécration est arrivée sur un rôle improbable, celui d'une étoile du cinéma muet des années vingt. Jean triomphe de tous les préjugés. Dans *The Artist*, il apporte la preuve de la suprématie de l'Amérique en matière de comédie musicale et de danseur de claquettes, un genre dans lequel un Français excelle alors qu'un Américain, jugé seul capable de cette performance, était pressenti pour tenir le rôle. Résultat : l'acteur français repart avec un prix d'interprétation au Festival de Cannes !

Tourné à Hollywood, le film a été très dur à monter. Cela a pu réussir grâce à une alliance scellée entre quatre producteurs, Studio 37, France3 Cinéma, Warner Bros et Thomas Langman, *via* sa société de production, La Petite Reine, dont la participation a été déterminante pour la naissance de ce film hors normes et hors du temps. Car Michel Hazanavicius, l'auteur-réalisateur, était bien seul, au départ, pour défendre son idée loufoque. Comment croire, de nos jours, au succès d'un film d'époque en noir et blanc… dont les acteurs – muets – marchent sur les traces de Charlie Chaplin et de Buster Keaton ? Une pure folie.

Mais une folie gagnante qui me réjouit au plus haut point car je la trouve très stimulante pour le cinéma français. Et tant pis si, entre deux paris gagnés, Dujardin a peut-être joué avec le feu en acceptant de signer pour *Les Dalton*. Il a pris le rôle pour faire plaisir à un ami. Il n'est pas certain qu'il le signerait à nouveau aujourd'hui. Depuis, le grand succès est passé par là, qui change bien des choses. Il a ensuite coproduit *Les Infidèles* avec Gilles Lellouche, une comédie à sketchs sur l'infidélité des hommes. Elle a été tournée entre Paris et Las Vegas avec le même Lellouche, Mélanie Doutey, Alexandra Lamy et Géraldine Nakache. Et, déjà, il se projette sur d'autres horizons avec, bientôt, un thriller romantique d'Éric Rochant où seront affichés Karin Viard et Gilles Lellouche…

*

Mais tous les comédiens n'ont pas la chance de naviguer ainsi d'une rive à l'autre. Pour nombre d'entre eux, leur formidable carrière se voile de la frustration qu'ils ressentent à l'idée d'être emprisonnés dans un seul registre. Je me souviens d'une conversation avec Pierre Richard, au moment où nous tournions *Les Fugitifs* de Francis Veber. Il me disait alors qu'il éprouvait une forme de souffrance à jouer toujours le même style de personnage, une sorte de clown triste, et qu'il aurait tellement aimé avoir la carrière d'un Depardieu qui saute sans problème d'une comédie à un drame ! Ce qui fait la différence entre ces deux comédiens, ce n'est pas que l'un a moins de talent que l'autre. C'est que Pierre Richard est marqué par son physique et que le public l'identifie à ce type de personnage.

Pour certains, heureusement, la frontière est moins nette et ils s'engouffrent dans la moindre brèche pour brouiller les pistes. Souvent même, non sans courage, ils la suscitent. Mathilde Seigner, par exemple, m'a dit qu'elle en avait assez de tourner dans des comédies légères et qu'elle rêvait de travailler avec des réalisateurs comme Jacques Audiard et Cédric Klapisch. Mais, pour l'instant, ils ne font pas appel à elle.

Ceci dit, Mathilde vient de franchir une étape avec le rôle de la fille de Josiane Balasko dans *Maman*, un film qui n'a rien d'une comédie pure et dure. Alexandra Leclère y raconte l'histoire de deux sœurs proches de la quarantaine (Mathilde Seigner et Marina Foïs) qui kidnappent leur mère (Josiane Balasko), le temps d'un week-end, pour l'obliger à les aimer, alors qu'elle les a trop ignorées jusque-là.

Je n'oublie pas non plus Isabelle Huppert qui, elle, emprunte la trajectoire inverse en s'essayant au registre de la comédie avec, récemment, un rôle d'intello coincée aux côtés de Benoît Poelvoorde et d'André Dussollier dans *Mon pire cauchemar* d'Anne Fontaine. Et puis, il y a ceux et celles qui, comme Gérard Lanvin et Sophie Marceau, ne font que ce dont ils ont envie et qui détestent qu'on « les prenne en main ».

Pour la santé du cinéma, il ne fait aucun doute que la prise de risque est une source de créativité. Aurait-on vraiment connu Coluche dans toute sa dimension s'il n'avait tourné *Tchao Pantin* ? Michel Blanc serait-il sorti de son personnage gringalet des *Bronzés* s'il n'avait eu le cran de figurer dans *Tenue de soirée* de Bertrand Blier, où il a endossé un rôle que Bernard Giraudeau craignait de jouer ? Et que dire de Michel Serrault, qui a vraiment pris ses marques d'acteur dramatique sur un seul film, *L'Argent des autres,* de Christian de Chalonge ?

*

Cette indépendance d'esprit, ce goût de l'aventure, on les retrouve aussi dans les parcours atypiques d'acteurs-réalisateurs qui, très tôt, slaloment entre une double vie artistique, devant et derrière la caméra. Comme si cette alternative leur donnait les moyens de prendre certaines initiatives. Comme si, au fond, ils se fabriquaient leurs propres films pour mieux échapper à ceux des autres, et s'ouvrir eux-mêmes des horizons en format grand angle.

Je pense notamment à Julie Delpy que j'ai vue toute petite (ses parents sont acteurs) et que j'admire. À l'âge de vingt ans, au milieu des années quatre-vingt-dix, elle a mis le cap sur les États-Unis où elle ne connaissait personne. À New York, elle a suivi des cours à la Tisch School of the Arts, puis elle a réussi à faire son trou à Los Angeles, en menant de front une carrière de comédienne et de réalisatrice.

Elle est désormais une « vraie » bilingue naturalisée américaine, récompensée à la fois pour ses talents d'actrice et de scénariste : en 2005, pour son film *Before Sunset*, elle a été nommée à l'Oscar du meilleur scénario en même temps qu'elle empochait un Empire Award de la meilleure actrice. Mais c'est avec son film *Deux jours à Paris* qu'elle a été repérée deux ans plus tard.

Voici deux ans, j'ai beaucoup aimé *La Comtesse*, un film né de sa persévérance, voire de son entêtement à trouver un financement. Elle y accapare toutes les fonctions : actrice (le rôle principal lui est dévolu), scénariste et réalisatrice. C'est fou ce qu'elle arrive à faire avec si peu de moyens ! Il lui a fallu huit ans pour monter ce film. *La Comtesse* raconte l'histoire de la comtesse Bathory, cette aristocrate maléfique de Hongrie, qui, au début du XVIIe siècle, fut soupçonnée d'avoir assassiné des centaines de jeunes filles, persuadée que le sang des vierges lui offrirait la jeunesse éternelle. J'ai jugé ce film en costumes incroyablement bien réalisé, tourné avec peu de financement, et en cinq semaines !

Autre femme talentueuse dont le parcours se tisse de choix délibérément autonomes : Mélanie Laurent, dont j'ai déjà parlé, quelques pages en amont de ce chapitre. Elle aussi reflète cette nouvelle tendance d'artistes « multi-casquettes » en s'affirmant avec brio sur plusieurs registres. Il y a vingt ou trente ans, seuls de rares acteurs et actrices passaient à la mise en scène, et seulement à un stade avancé de leur notoriété, quand les propositions de jeunes premiers commençaient à devenir plus rares.

La démarche des artistes d'aujourd'hui est très différente. Ils sont des créateurs, des créatifs. Leur patte, ils la mettent dans le choix de leurs rôles, et ils n'attendent plus le stade de la maturité pour se retrouver derrière une caméra. Mélanie Laurent, pour y revenir, se forge ainsi une étiquette d'atypique batailleuse, mêlant, à l'instinct, une carrière d'actrice, de réalisatrice et aussi, depuis peu, de chanteuse. Celle qui fut une étonnante maîtresse de cérémonie au Festival de Cannes 2011 signe, la même année, *Les Adoptés,* son premier long-métrage, et sa première participation sur la scène du Printemps de Bourges.

*

Quant à Maïwenn Le Besco, elle appartient également à cette race d'artistes hors normes, pas faciles à gérer. Pour elle aussi, la culture de la différence est un mode d'expression artistique.

Je l'ai connue toute jeune quand sa mère, l'actrice Catherine Belkhodja, la poussait dans des castings pour en faire une star. Elle est devenue une comédienne très intéressante. Mais c'est dans la réalisation de ses propres films qu'elle s'est révélée carrément bluffante.

Je me souviens d'avoir pleuré à la projection, en 2006, de *Pardonnez-moi,* le premier long-métrage qu'elle a écrit et réalisé, l'histoire d'une jeune femme en révolte contre son père, qui, autrefois, la battait. Un documentaire d'autant plus émouvant qu'il est très... autobiographique. Puis, elle a enchaîné avec *Le Bal des actrices* (2009), une comédie sur la face cachée des actrices pour laquelle Joey Starr, qui joue un improbable papa poule, a empoché le César du meilleur acteur dans un second rôle en 2010.

Je suis heureuse de la voir triompher avec *Polisse,* un film qui zoome sur la brigade de protection des mineurs de Paris, et se paie le luxe de remporter le prix du jury au Festival de Cannes, tout en cartonnant au box-office !

Les acteurs-réalisateurs masculins ont toute leur place parmi ces risque-tout. Ainsi, Guillaume Canet signe un incroyable parcours, lui qui se prédestinait à une carrière de jockey. C'est une mauvaise chute qui l'a mis sur le chemin des plateaux de ciné. À quinze ans, il accroche quelques rôles charmants pour la télévision, avant de trouver ses vraies mensurations de metteur en scène, aujourd'hui sacré « incontournable ».

Après quatre courts-métrages, en 2002, il écrit et réalise *Mon idole*, avec François Berléand et Diane Kruger, un premier long-métrage qui attire plus de cinq cent mille spectateurs. Quant à son dernier film, *Les Petits Mouchoirs* avec François Cluzet, Marion Cotillard et Valérie Bonneton, il a déjà passé la barre des cinq millions d'entrées !

*

Bien sûr, il me faut quand même temporiser l'élan qui me porte à admirer des artistes qui vivent leur passion en prenant des risques. Car dans ce métier, le miracle éternel n'existe pas. Et le goût de l'aventure ne s'accompagne pas d'une assurance tous risques. Certains se sont lancés sur un coup de cœur, et... plantés. Je pense à José Garcia, par exemple. Il a été découvert sur Canal + grâce à *Nulle part ailleurs*, aux côtés de Philippe Gildas et d'Antoine de Caunes, puis il a cartonné sur le registre de la comédie avec *La Vérité si je mens !*, *Jet Set*, *Le Boulet*, *People*, *Astérix aux Jeux olympiques*, *Le Mac* et *Chez Gino*. Et puis, un jour, il a eu envie d'interpréter d'autres personnages, plus sombres. Et le public n'est pas venu. Après une année sabbatique, il revient à la comédie mais avec une notoriété moins forte que celle dont il bénéficiait au début des années deux mille.

Faut-il regretter ce type d'initiative, quand le succès n'est pas au rendez-vous ? Je ne le crois pas. Cela n'engage que mon propre point de vue, mais à titre personnel, je préfère les remords aux regrets. Et je pense qu'il est plus positif, dans la vie, d'échouer sur ce que l'on tente, que de se contraindre… à ne rien tenter.

16

NON, LA TÉLÉ N'EST PAS LE PORNO DU CINÉMA !

Cinéma, télévision : les castes dont le casting peut souffrir

J'ai évoqué précédemment les affres de la comédie, traitée en art mineur au sein de la grande famille des longs-métrages. Eh bien, ce jugement au rabais des comédies n'est rien si on le compare au mépris affiché par le cinéma au regard des films de télévision ! Les acteurs, les metteurs en scène sont les premiers otages de la barrière ridicule qui se dresse entre deux castes : celle du cinéma, qui revendique haut et fort la soi-disant noblesse de ses « vrais » films, et celle de la télévision, qui lui montre comment fabriquer un bon film en seulement vingt et un jours, et battre des records de popularité. Le cinéma méprise la télévision mais envie son audience ; la télévision admire le cinéma dont elle rêve de détourner les acteurs. Et dans tout ça, la création souffre !

Je ne voudrais pas sembler idolâtrer le système en vigueur aux États-Unis, mais au moins, là-bas, aucune ligne rouge ne sépare ces deux sphères que chacun franchit au gré des scénarios et des rôles, sans risque d'y abandonner sa réputation. Il suffit de zapper d'une chaîne à l'autre pour retrouver Johnny Depp dans quelques épisodes de *21 Jump Street*, la fameuse série à l'origine de sa carrière, ou Sharon Stone dans un épisode de *New York section criminelle*. On verra aussi, bientôt, Robert De Niro sur HBO, dans le rôle de l'escroc Bernard Madoff.

Ces incursions « TV » n'empêchent pas les stars américaines de poursuivre leur carrière cinématographique. George Clooney, lui non plus, n'a pas hésité à revenir faire un tour dans *Urgences*, la série qui l'a fait connaître en France et en Europe, tout en enchaînant au cinéma des premiers rôles sans rapport avec le goutte-à-goutte et les blouses blanches de la fameuse série !

*

En France, hélas, cette liberté d'aller et venir entre cinéma et télévision se révèle impossible. Véronique Genest, la célèbre Julie Lescaut de TF1, ne fera jamais de cinéma. Et je trouve cela regrettable pour cette belle comédienne que j'ai connue bien avant qu'elle n'incarne ce rôle emblématique. C'est le système qui est ainsi. En France, on n'ouvre pas les horizons. On compartimente. On est acteur de cinéma ou acteur de télé. Un fossé sépare les deux. On ne mélange pas les torchons et les serviettes.

Pour moi, directeur de casting, le système est tout simplement inacceptable. Sur un film de cinéma, avancer le nom de Cristiana Reali ou de Florence Pernel revient à parler dans le vide. Aussitôt, la phrase choc jaillit de la bouche des metteurs en scène : « Elle fait télé ! » Quand ils ne disent pas : « Ça fait merdique ! » Pour eux, la télé n'est pas chic. Cette bouderie péjorative m'agace d'autant plus que ce sont les mêmes qui, par ailleurs, réclament des acteurs connus du grand public. Et justement, le point fort de ces comédiens qui s'épanouissent dans des histoires tournées pour le petit écran, c'est précisément de bénéficier d'une notoriété enviable : quand il est réussi, et qu'il accroche le public, un bon film de télévision aimante plusieurs millions de téléspectateurs. Combien de longs-métrages peuvent se prévaloir d'une telle affluence ? Oui, mais... comme le dirait Pignon dans *Le Dîner de cons*, il s'agit de la « petite lucarne », et non pas du grand écran.

À l'inverse de ce qui se passe aux États-Unis, où une star de télé peut devenir une star de ciné, aucun acteur estampillé « télé » (sauf, on l'a vu, pour le « cas » Jean Dujardin) ne peut prétendre au long-métrage. À cet égard, d'excellents artistes comme Bruno Madinier ou Mimie Mathy n'ont aucune chance, et ce n'est pas faute, en ce qui me concerne, de penser à eux et de les proposer pour un rôle au cinéma. Ceux qui actionnent cette guillotine absurde sont les producteurs et autres détenteurs du financement, qui partent du principe que l'on ne paie pas une entrée au cinéma pour aller voir des acteurs exposés gratuitement à la télé.

Tous les prétextes sont bons pour chercher des poux à ces talentueux qui, souvent – c'est le cas de Cristiana Reali –, ont fait leurs armes au théâtre et au cinéma, avant de s'aventurer, avec succès, sur le terrain porteur de grandes sagas télévisées. Alors que je m'attelais au casting du *Placard*, Francis Veber m'a lancé cet avertissement : « Je ne veux aucun acteur qui joue pour la télé. Ils sont tous mauvais, ils n'incarnent pas. » Ma réponse ne s'est pas fait attendre : « Dans ce cas, ne prenons pas Gérard Depardieu (qui, lui, navigue entre films et téléfilms). » Et le sujet fut clos.

Personnellement, certains rejets me font mal. Comme celui dont Bernard Le Coq a fait récemment les frais. C'est un être magnifiquement humain, intelligent, très doué et... sous-employé. Sur *Amitiés sincères* de Stéphane Archinard avec, entre autres, Gérard Lanvin, Jean-Hugues Anglade et Wladimir Yordanoff, un film dont j'ai réalisé le casting, je l'ai proposé pour l'un des trois rôles. Enthousiastes, les deux metteurs en scène m'ont tout de suite suivie dans ce choix.

Mais quelques semaines plus tard, le couperet est tombé : « Il est trop vieux (alors qu'il a le même âge que Lanvin) et, surtout, il fait très télé ! » Dans ces moments-là, je sens monter en moi des nausées d'injustice. Je le répète : Bernard Le Coq est prodigieux et il mérite de grands rôles.

*

Certains acteurs de cinéma en font une consigne auprès de leur agent et, en retour, nombre de ces derniers font valoir ce rejet comme un signe de considération auprès des comédiens qu'ils représentent : pas de télé. Pourtant, ils savent pertinemment qu'ils privent leur protégé d'une popularité enviable. Dans la bouche de quelques comédiennes, l'allergie s'agrémente d'une mine de dégoût, comme si on leur demandait de faire du porno !

Et tant pis si, par ailleurs, deux cent mille personnes seulement les verront jouer. Sur les deux cent dix à deux cent trente longs-métrages lancés chaque année, bon nombre ne sortiront pas, ou n'auront pas la chance d'arriver sur le second marché des DVD et autres produits dérivés. Peu importe ! Dans les cocktails parisiens, ça fera plus chic de minauder en susurrant : « Je viens de tourner avec Duchemol ! » J'avoue ne pas toujours comprendre : ne devient-on pas comédien pour être célèbre ? Pour être regardé, admiré ?

*

Je souhaite prendre ici la défense de ce que l'on appelle injustement les « téléfilms », et qu'il serait plus judicieux, plus exact, de nommer « films de télévision ». Attention : je parle là des quatre-vingt-dix minutes, le format chic des fictions du petit écran, celui qui a présidé aux *Maupassant*, aux superbes adaptations de Josée Dayan ou encore, tout récemment, à certains chefs-d'œuvre dont j'ai eu le bonheur d'assurer la distribution : *Le Silence de la mer*, *L'Affaire Dominici* de Pierre Boutron, avec Michel Serrault et Michel Blanc – plus de dix millions de téléspectateurs ! – ; *Monsieur Léon* ; *L'Abolition* (qui traite de l'abolition de la peine de mort) de Jean-Daniel Verhaeghe. Mais aussi *Galilée ou l'amour de Dieu* du même Verhaeghe, avec Claude Rich, Daniel Prévost et Jean-Pierre Marielle, ou, enfin, *De gré ou de force* de Fabrice Cazeneuve, un petit bijou sur le harcèlement professionnel.

À l'heure où j'écris ces pages, je viens tout juste de boucler le casting d'un sujet réalisé par Jacques Renard, *Interdits d'enfants*, dont le thème – les mères porteuses – réclame une approche en finesse. Ces scénarios-là n'ont rien à envier à ceux proposés pour le grand écran. Je dirais même, sans hésiter, qu'ils font davantage preuve d'une plus large créativité. Ils sont mieux construits, plus élaborés, mieux écrits. Oui, cela peut étonner, mais dans le texte, dans les dialogues, la télévision publique fait preuve d'une approche plus pointilleuse que le cinéma.

Sur ce front, celle-ci opère un travail formidable. Elle fait redécouvrir Maupassant, Balzac, Mauriac. Avec des records d'audience à la clé. Bien sûr, il arrive, comme dans toute création, que le succès ne soit pas au rendez-vous en dépit d'une réalisation excellente. Ce fut le cas pour *Henri IV*, une coproduction franco-allemande avec, dans les rôles principaux, Julien Boisselier, Armelle Deutsch et Chloé Savigny. Tout le reste de la distribution était allemande.

J'insiste sur la qualité de ces films, sur la dextérité qu'ils réclament, au réalisateur comme aux comédiens. Les contraintes sont immuables : vingt et un jours de tournage (et pas un de plus !) pour un film extrêmement abouti d'une heure et demie contre quarante-cinq ou cinquante jours au cinéma. De quoi bannir tout dilettantisme ! Pour les acteurs, il est urgent d'être bons tout de suite. Pas question de faire trente prises à chaque scène !

Contrairement au cinéma où les horaires peuvent s'étirer, où un réalisateur peut s'offrir le luxe de boucler une minute de film, voire trente secondes, en une journée, la télé fait vite et bien : trois minutes effectives par jour, au minimum. Le tout avec, en France, la contrainte des trente-cinq heures, incroyablement déstabilisatrices dans notre métier.

Il ne faut pas se demander pourquoi les tournages se déroulent en Roumanie, en Tchécoslovaquie ou dans d'autres pays de l'Est : là-bas, on tourne dix heures par jour, toutes payées au même tarif. Alors qu'en France, au-delà des trente-cinq heures, c'est le compteur des heures supplémentaires qui se met en marche ! Les charges sociales associées à la rémunération des techniciens pèsent très lourd dans le budget. Il suffit de lire le devis d'un film pour constater que le montant total figurant sur cette ligne de coût pourrait convenir à la fabrication d'un court-métrage !

Cette tentation d'aller tourner à l'étranger s'est tout de même atténuée avec l'instauration du crédit d'impôt pour les sociétés de production françaises. Du coup, le nombre de tournages en France a récemment augmenté. En outre, je n'oublie pas de saluer ce système formidable qui contraint les chaînes de télévision française à respecter des quotas de production, système qui favorise l'emploi de techniciens et d'acteurs télé, sans lequel les deux tiers d'entre eux seraient au chômage.

Les réalisateurs du petit écran sont de grands artistes, brillants sur le fond des sujets, efficaces sur le plateau. Ce n'est pas un hasard si Pascal Chaumeil a autant réussi *L'Arnacœur*, son premier film de cinéma. Auparavant, il avait exercé sa patte sur plusieurs téléfilms, divinement réalisés. Mais ceux-ci sont passés complètement inaperçus : pas une ligne dans la presse sur ce qu'il avait pu faire précédemment quand son bijou est sorti. Comme s'il fallait taire son « passé télé » à tout prix...

Pour ma part, j'ai la chance de travailler sur ces films « unitaires » qui sont le top de la réalisation à la télé. Ils sont plus faciles à distribuer que les mini-séries – deux fois quatre-vingt-dix minutes –, les longues et les feuilletons. Pour une raison majeure : si on le compare à celui des séries à rôle récurrent, le risque, pour un comédien, de s'y trouver enfermé est beaucoup moins grand.

Il n'empêche : Vincent Lindon, Patrick Bruel, François Cluzet... et beaucoup d'autres pointures du cinéma ne viendront jamais à la télévision. Ce choix radical est en partie motivé par le montant des cachets, plus légers à la télé qu'au cinéma. Mais il s'agit bien souvent d'un faux problème puisque la durée de tournage est très courte et que les acteurs touchent 25 % de leur cachet à chaque diffusion (montant variant selon la chaîne et l'heure de diffusion) ! Certains comédiens émettent des propos déplacés. Ainsi Gérard Darmon a glissé dans une interview : « J'aime mieux faire un million de spectateurs en jouant dans *Mad Men* que neuf millions dans un *Joséphine ange gardien.* » Je comprends que l'on puisse ne pas apprécier ce genre de série mais, dans ce cas, on a la politesse de se taire. Et moi, casting, je tente de faire « le pont entre deux rives », écartelée entre des producteurs de télé qui rêvent que des acteurs de cinéma viennent sur leurs fictions – alors que ceux-ci, en général, continuent de les fuir –, et des acteurs télé qui, au contraire, s'y accrochent. Quel casse-tête !

*

Les comédiens qui parviennent à passer de l'un à l'autre, sans y laisser de plumes, sont tout simplement des héros, des risque-tout qui, par miracle, échappent – et réchappent ! – à ces mentalités ségrégatives. Jean Dujardin, à cet égard, est un ovni. Dans la logique de ces frontières-là, jamais il n'aurait dû sortir du moule d'*Un gars, une fille*. Il n'empêche : les iconoclastes comme lui prouvent que c'est quand même possible et qu'il faut encourager les acteurs à vivre librement leur vie d'artiste et à faire fi des préjugés dont le public se fiche complètement. François Berléand, Gérard Depardieu font partie de ces artistes sans frontières, qui voyagent au gré de leurs envies.

D'autres aimeraient y aller, mais n'osent pas de crainte d'être marqués au fer par un de ces rôles phares auxquels ils seraient assimilés au point d'être rebaptisé, par le public, du nom du personnage qu'ils incarneraient, hélas, souvent pour toujours. À cet égard, je reconnais bien volontiers que les interminables séries se révèlent redoutables et sont clairement à éviter pour prétendre s'imposer ensuite au générique de fictions « chic » ou, plus difficile encore, à celui de longs-métrages. D'autres encore craignent de payer la moindre incartade en faveur du petit écran au prix d'une traversée du désert cinématographique. Et ces réticences, au sein d'un univers qui jette les artistes comme des Kleenex, ne sont-elles pas parfaitement compréhensibles ?

Malgré tout, les mentalités évoluent et les barrières se font peut-être moins hermétiques que par le passé. Certaines stars de cinéma se risquent aujourd'hui à attraper quelques rôles à la télé, un simple tournage bien choisi entre deux longs-métrages, histoire d'explorer des sujets que seule la télévision est à même d'aborder. Cela a été récemment le cas d'Emmanuelle Béart dans *Le Désert de l'amour* de François Mauriac et celui de Mathilde Seigner qui m'a dit, il y a peu, souhaiter tourner un téléfilm de temps à autre.

*

Nombre de directeurs de casting adhèrent à ce snobisme ambiant et refusent, eux aussi, de travailler pour la télé. Pour ma part, je rejette en bloc ces frontières ridicules déjà évoquées dans le chapitre des comédies. Il me suffit de regarder mon planning de la fin d'année 2011 pour me féliciter de la chance qui m'est accordée de passer d'un film de cinéma à un de télévision. À mon menu, donc, je trouve huit longs-métrages sur le point de sortir ou en cours d'élaboration : *Un jour mon père viendra* de Martin Valente avec Gérard Jugnot, François Berléand et Olivia Ruiz ; *Maman* d'Alexandra Leclère avec Josiane Balasko, Marina Foïs et Mathilde Seigner ; *Amitiés sincères* de Stéphane Archinard et François Prévost-Leygonie avec Gérard Lanvin, Jean-Hugues Anglade et Zabou ; *On ne choisit pas sa famille* de Christian Clavier avec ce dernier, Muriel Robin et Jean Reno ; *Le Mec de la tombe d'à côté*, de Patrick Braoudé ; *Quel beau salaud* de Patrick Rotman ; *L'Acte de chair*, de Jacques Fansten ; *Viva la burqa* de Merzak Allouache.

Mais aussi, en parallèle, je relève trois films de télévision : *Merlin* de Stéphane Kappès pour TF1 avec Gérard Jugnot, Marilou Berry (film événement pour cette chaîne) ; *Qu'est-ce qu'on va faire de toi ?* de Jean-Daniel Verhaeghe pour France2 adapté du livre de Michel Drucker avec Simon Abkarian ; *Interdits d'enfants* de Jacques Renard pour France2 avec des acteurs inconnus.

Oui, je suis une polyvalente du casting et je le revendique ! Pour chaque rôle qui m'est confié, je m'évertue à prêcher ce qui constitue le cœur de mon métier : trouver le bon acteur pour le bon rôle en faisant fi, autant que possible, des idées préconçues qui finissent par figer les comédiens, non pas dans ce qu'ils savent faire, mais dans ce qu'ils sont présumés savoir faire…

17

DANS LA JUNGLE DES RÉALISATEURS

Ils sont les interlocuteurs privilégiés des directeurs de casting. Avec certains, c'est « lune de miel » ; avec d'autres, « lune de fiel ». Mais quelle école !

Jamais un acteur ne m'intimide, quand bien même posséderait-il un talent fou ! Il en va tout autrement des metteurs en scène et des réalisateurs. Je les respecte profondément et, souvent même, je les admire. Je ne reviens pas sur la formidable complicité qui m'unit à Francis Veber, à Gérard Jugnot, à Michel Blanc : les retrouver m'enthousiasme et je suis très fière de l'amitié fidèle qu'ils me témoignent. Mais, fort heureusement, mon métier me porte sans cesse vers de nouvelles aventures cinématographiques et je croise, au hasard de leurs films, des réalisateurs avec lesquels je n'ai jamais travaillé.

Dans ce chapitre, je veux évoquer quelques bons et mauvais souvenirs de castings, effectués sous la baguette de *directors* très différents les uns des autres, qu'il s'agisse de leur tempérament ou de leur champ artistique. Avec certains d'entre eux, le travail a été un plaisir. Avec d'autres, ce fut un cauchemar ; avec d'autres encore, une parenthèse enrichissante, quand il s'est agi, par exemple, de travailler sur un film étranger. Mais jamais ce ne fut sans intérêt. Entrer dans l'univers d'un metteur en scène, c'est s'ouvrir à de nouveaux horizons. Et mes trente ans de métier n'ont pas entamé ma soif d'apprendre.

*

Une fois, pourtant, j'ai bien failli faire demi-tour. Dire « non » à un projet, tant je me sentais étrangère au champ créatif d'un jeune humoriste plus qu'original. Je m'étais d'ailleurs empressée de demander à mes fils si son nom leur disait quelque chose. « Michael Youn ? Mais enfin, maman ! » Ils n'ont pas osé me jeter : « Inculte ! » En 2010, j'ai donc été contactée pour faire le casting de son premier film, *Fatal,* une comédie musicale satirique sur le monde de la musique et des médias. Le héros qui devait être joué par Michael Youn lui-même (il le tiendra aux côtés de Stéphane Rousseau et d'Isabelle Funaro) était un rappeur bling-bling.

Je reçois le scénario branché, excessif, une sorte de délire auquel je reste imperméable : pas du tout *my cup of tea* ! J'ai envie de refuser, sans même faire la connaissance de l'auteur, et puis, je me ressaisis. Dans ces cas-là, je me parle à moi-même : « Allez Françoise, ne t'endors pas dans le confort, bouge, bouscule-toi, entre dans son monde, et tu comprendras ! » Je rencontre Michael et là, j'ai un choc : le jeune branché se révèle un garçon magnifique d'humilité, d'intelligence et de gentillesse. Il a besoin de conseils et, de mon côté, j'ai besoin de m'armer de patience car je suis confrontée aux exigences d'un producteur que je ne connais pas : Illa Goldman. Les très nombreux essais pour ce film se sont déroulés sans bugs et j'ai finalement été ravie de cette incursion artistique auprès de cet animateur-chanteur-acteur-réalisateur-humoriste bourré d'idées !

*

Et puis, il y a le cheminement inverse : on se réjouit à l'idée d'être happée par un metteur en scène de grand renom – Roman Polanski en l'occurrence –, et l'on sort de cette expérience... frustrée. Frustrée d'avoir œuvré pour un film d'un grand artiste, sans vraiment avoir eu la possibilité de faire sa connaissance. Non pas en raison de son absence – le grand réalisateur est omniprésent sur ses films, de l'avant-projet au dernier clap –, mais parce qu'il se révèle tout bonnement impossible de le rencontrer en tête à tête.

Escorté en permanence par une cour qui lui emboîte le pas, le maître ne reçoit jamais seul. J'en ai fait la pénible expérience, en 1992, sur le tournage de *Lunes de fiel* avec Peter Coyotte, Emmanuelle Seigner, Hugh Grant et Kristin Scott Thomas. Ce fut Robert Benmussa, producteur du film, qui m'a annoncé cette bonne nouvelle : « Françoise, tu vas diriger le casting d'un film de Polanski ! » Sur le coup, j'ai été terriblement excitée et intimidée à l'idée de travailler avec ce « grand ».

Arrive le jour « J » de la rencontre, et je comprends tout de suite que ma mission va être compliquée. Il débarque toujours tel un ministre entouré de conseillers – des protecteurs qui occupent les postes de producteur, assistant, directeur de la production, etc. Avec Polanski, donc, point de séances en tête à tête, où l'on parle scénario, rôle, jeu de scène. On est contraint de s'adresser à un auditoire où chacun donne son avis – même les incompétents en la matière ont la parole ! Peu motivant !

Au cours d'une de ces tables rondes, Roman Polanski se tourne un jour vers moi pour me lancer ce mot d'ordre : « Je ne veux pas de faces de lune ! » Je lui demande ce qu'il entend par ces mots : « Des visages refaits », me dit-il. Je prends note et, selon ses désirs, ne lui proposerai que des actrices – car l'ultimatum s'adresse surtout aux femmes – ayant ignoré la chirurgie esthétique.

Mais une fois n'est pas coutume : je savoure le plaisir d'aller à la rencontre d'acteurs qui, au simple nom de Roman Polanski, diront « oui », même pour des rôles minimes ! Un véritable atout, tant les petits emplois se révèlent plus difficiles encore à distribuer que les personnages secondaires, pour lesquels les comédiens ont de vraies scènes à défendre. Mais un casting de qualité passe par une distribution soignée, qu'il s'agisse d'un personnage central ou d'une soubrette n'ayant que quelques répliques. Et je ne néglige ni l'un ni l'autre.

Sur le tournage de *Lunes de fiel*, j'ai le plaisir de retrouver Emmanuelle Seigner, dont j'ai fait la connaissance huit ans plus tôt, pour le casting du film de Michel Blanc, *Marche à l'ombre*. Emmanuelle avait alors dix-sept ans, elle préparait son bac, elle ne savait pas encore si elle s'orienterait vers le cinéma « pour de bon ». Mais elle s'était quand même pliée aux exigences d'essais très professionnels. Pour finir, ce fut Sophie Duez qui fut choisie à juste titre pour le rôle, bien qu'Emmanuelle dégageât quelque chose de beaucoup plus rare.

*

Sans transition, voici l'un de mes plus mauvais souvenirs professionnels : *Le Sacrifice* d'Andreï Tarkovski. Ce grand réalisateur est classé par la critique comme l'un des maîtres du septième art, une de ces sommités du cinéma qui fait jeu égal, en matière d'éloges, avec d'autres cinéastes peut-être plus connus, tels Ingmar Bergman, Orson Welles, Luis Buñuel ou Federico Fellini. Très spirituelle, voire mystique, l'œuvre de Tarkovski se traduit par des films tourmentés, aux frontières de l'insolite et de l'étrange. Sorti en 1986, *Le Sacrifice* est devenu le testament du créateur (il mourut la même année), inspiré d'une nouvelle qu'il a écrite et publiée deux ans plus tôt. On y retrouve les thèmes majeurs de son œuvre qui, pour une ultime fois, scrute le fond de l'âme des individus, jusqu'aux rives du désespoir et de la destruction.

J'arrive sur le casting du film sans l'avoir jamais vu. J'ai le scénario en main et m'attelle à la distribution toute seule dans mon coin. Les rendez-vous avec les comédiens sont finalement bloqués un samedi à la production. J'ai, à mes côtés, un jeune assistant plein de promesse : Régis Wargnier. Les acteurs se présentent tous à l'heure, prêts à rencontrer le « Maître ». Et il arrive, avec son physique plutôt flatteur et son regard indigo. À deux pas derrière lui, se tient son traducteur, Viktor, un grand maigre venu du froid, du style « homme du KGB ». Tarkovski ne parle que le russe et l'italien. Je lui montre le jeu de photos des comédiennes convoquées. Il y jette un œil puis, brusquement, il se met à hurler et me les lance à la figure !

Stupeur de Régis Wargnier, tout aussi décontenancé que moi. Je me sens humiliée. Je ramasse les photos, il quitte la salle et disparaît jusqu'au jour suivant. Régis et moi allons prévenir les comédiennes qu'elles peuvent rentrer chez elles. Le soir, de retour à la maison, je fonds en larmes. Je déplore toujours ce genre d'emportement excessif. Doit-on nécessairement se comporter comme un mufle sous prétexte qu'on a du talent ? Pour la petite histoire, j'ai dû recommencer tout le casting de A à Z, sans que Tarkovski m'ait fait parvenir le moindre renseignement sur les profils qu'il voulait que je recherche.

Et puis, je ne sais plus trop ni pourquoi ni comment, j'ai pensé soudain à la jeune et poupine Valérie Mairesse pour jouer l'un des trois rôles principaux. Elle n'avait vraiment pas le profil d'une comédienne obéissant aux directives d'un tel réalisateur. Et pourtant, elle lui a beaucoup plu ! Le maître ne s'est jamais excusé pour autant mais j'ai eu la satisfaction, un jour que je me promenais sur Google, de lire dans un article consacré au film un petit compliment lâché au détour d'une phrase : « casting impeccable ».

*

À l'opposé de Tarkovski, Stephen Frears m'a offert, deux ans plus tard, l'une de mes plus belles expériences de casting réussi : *Les Liaisons dangereuses*, avec Glenn Close, John Malkovitch,

Michelle Pfeiffer, Keanu Reeves et Uma Thurman. Le film est sorti sur les écrans en 1988, adapté de la pièce de Christopher Hampton, elle-même inspirée par le chef-d'œuvre de Pierre Choderlos de Laclos, *Les Liaisons dangereuses*.

L'entretien avec Stephen Frears a eu lieu aux studios de Joinville. Le contact a été immédiatement sympathique avec cet homme chaleureux à l'humour décapant : « Si je fais ce film, m'explique-t-il, c'est pour acheter une maison de campagne à mes quatre enfants ! »

Nous entrons dans le vif du sujet et je lui demande comment il voit ses personnages. Sa déclaration m'étonne, n'en ayant encore jamais entendu de ce style : « Vous avez quarante-huit heures pour organiser des entretiens avec des acteurs et des actrices que vous trouvez très bons et, ensuite, nous verrons ! » Je bloque les rendez-vous et, durant deux jours, je rencontre des postulants qui s'expriment aussi bien en anglais qu'en français. Je dégaine mon Polaroid pour photographier chaque candidat que je retiens, Stephen Frears préférant ce type de clichés aux portraits professionnels, peu ressemblants à son avis, aux individus en chair et en os.

Ce travail préliminaire bouclé, je le retrouve pour lui présenter ma sélection. Et là, il place la barre très haut : « Je pars me promener une heure, me dit-il. Accrochez au mur le casting que vous feriez si vous étiez vous-même la réalisatrice du film, puis je reviens. » Jamais aucun réalisateur n'avait procédé de cette façon avec moi mais je me jette à l'eau : j'affiche crânement mes choix. À son retour, il examine l'ensemble – une vingtaine d'acteurs au total – puis retire trois Polaroid qu'il remplace par trois autres. Le casting était terminé ! J'étais littéralement subjuguée. Jamais je n'avais travaillé de cette manière. Véritable chef-d'œuvre, *Les Liaisons dangereuses* a raflé trois Oscars, dont celui du meilleur scénario, ainsi que le César du meilleur film étranger.

*

Et puis, il y a des flashs insolites qui jalonnent mon parcours et dont je restitue ici les plus marquants.

Ainsi du casting de *JCVD,* avec Jean-Claude Van Damme et François Damiens, où j'ai adoré œuvrer avec Mabrouk El Mechri. Ce jeune metteur en scène brillant, vif, a offert à l'acteur belge (dont il était fan depuis l'âge de quinze ans) de jouer son propre rôle en dévoilant ses tourments personnels et les difficultés qu'engendre une double vie, personnelle et médiatique.

J'ai fait la connaissance de Jean-Claude Van Damme après le tournage du film. Il m'appela, un jour, pour me demander de le rejoindre à son hôtel, rue de la Paix. Il souhaitait me parler du film qu'il projetait de réaliser en Thaïlande. Il me reçut dans sa suite, en pyjama et en pantoufles.

Et là, je me retrouvai témoin d'une scène aussi cocasse qu'irréelle : trois quarts d'heure durant, il me mima les séquences de son scénario. Telle une tortue Ninja, il grimpa sur la table, se cacha derrière un meuble, tira au pistolet (en plastique !) sur des plantes qui ne bougeaient pas… Une tornade ! Quand il eut achevé, il s'assit tranquillement dans un fauteuil, et me lança : « Alors, comment tu trouves le sujet ? » « Formidable ! » lui répondis-je… alors que je n'y avais absolument rien compris.

Autre moment indescriptible, autre année. En 1989, je suis assise dans les bureaux des Films Ariane face à un réalisateur anglais, Jim Goddard. Il me confie le casting de son film, *The Free Frenchman*. Avec ses cheveux gris noués en catogan et son anglais hermétique à mes oreilles, son film requiert quatre-vingts rôles. Les vedettes en seront Derek de Lint, Corinne Dacla, Laurent Malet et Agnès Soral. Goddard m'impressionne. Les présentations faites, il pose sur la table un magnétophone qui débite une conversation entre le scénariste et lui-même sur la description des personnages. Panique à bord ! Je ne saisis pas un mot. Je décide donc de déclarer forfait : « Désolée, lui dis-je dans un anglais scolaire, on ne peut pas travailler ensemble, car je ne comprends rien à ce que vous dites. » Il me rétorque : « Travaillons avec les yeux, le nez et la bouche. Et vous allez voir, nous allons y arriver ! » Durant chaque séance de travail, il m'apporta des cachets d'aspirine en prévision de mes maux de tête qu'une trop forte concentration finit toujours par déclencher...

*

Je ne peux clore ce chapitre sans citer des noms de metteurs en scène, parfois inconnus du grand public, qui m'accordent leur confiance depuis de nombreuses années : Charlotte Brandström avec laquelle j'ai fait plus de trente films et qui est devenue une amie très proche ; Pierre Boutron, (plus de vingt-cinq films) avec qui je partage de beaux souvenirs et de grands succès ; Marc Rivière que j'ai connu alors qu'il n'était qu'assistant ; Daniel Janneau que je fréquente depuis plus de trente ans ; Philippe Claudel, qui reste pour moi une rencontre pétrie d'humanité ; Alexandra Leclère, Jean-Daniel Verhaeghe, Jean-Jacques Zilbermann et Xavier Durringer que j'ai évoqués au cours des précédents chapitres. Sans oublier Jacques Fansten, Christian Faure, Edwin Baily et Jean-Loup Hubert. À eux tous, j'adresse un grand merci.

18

LE DESTIN BRISÉ DE JOCELYN QUIVRIN

Un accident de voiture l'a arraché à la vie le 15 novembre 2009, alors que sa carrière s'envolait…

Il irradiait !

À la ville, comme au cinéma. Jocelyn était, avant tout, une magnifique personne. Un homme jeune – il est parti à l'aube de ses trente ans – mais dont l'étonnante maturité donnait un éclat singulier à sa beauté romantique. Son enfance avait été écourtée par le décès de sa maman. Il n'aimerait pas que j'en décrive les circonstances. À quinze ans, il avait demandé son émancipation. Jocelyn portait en lui ce drôle de mariage entre une fougue de vivre et une réflexion, un recul que bien des hommes soi-disant mûrs auraient pu lui envier.

Cet acteur habitait ses rôles, il agissait sur un plateau avec fluidité, comme dans sa vie. Il était presque naturel pour lui de s'approprier l'arrogance d'un Rastignac ou le cynisme d'un comte de Nansac. Mais jamais il ne faisait étalage de son talent instinctif. Au contraire, il était d'une humilité sidérante.

*

Il déboule dans le métier tout jeune, autour de ses dix ans. Son premier tournage remonte à 1989 avec *Les Compagnons de l'aventure,* une série de vingt-six minutes pour la télévision. Mais c'est en 1993 que je le découvre sur *Louis, l'enfant-roi* où il décroche le rôle de Philippe, duc d'Anjou. Tout de suite, il m'impressionne et, depuis lors, je ne le lâche plus. En 1995, je le fais tourner dans *Fiesta,* le film de Pierre Boutron avec Jean-Louis Trintignant et Marc Lavoine. Une mauvaise expérience pour lui, qui n'apprécie pas de travailler avec ce metteur en scène. Puis, il embraye sur plusieurs téléfilms.

Cinq ans plus tard, en 2000, je le présente à Alexandre Jardin pour son film *Le Prof* dans lequel il sera un des élèves. Mais c'est dans *Rastignac ou les ambitieux* (2001) d'Alain Tasma, où je le caste pour le rôle principal – celui de Rastignac précisément –, qu'il est vraiment repéré par la profession. De mon point de vue, lui seul pouvait véritablement interpréter cet ambitieux du *Père Goriot*. Jocelyn en possède la beauté, l'intelligence, la désinvolture. Et il s'y révèle, de fait, remarquable.

Puis, je le mets en contact avec Daniel Vigne pour *L'Enfant des lumières* de Françoise Chandernagor, dont le roman est adapté dans un téléfilm en 2002. Jocelyn y joue le fils de Nathalie Baye qui m'apporte son soutien pour le sélectionner car Daniel Vigne n'y est pas favorable au départ. Avec la complicité de cette grande actrice, je prends alors une initiative que je m'interdis d'ordinaire dans l'exercice mon métier : convoquer un acteur pour des essais… sans en avertir le réalisateur. Et Jocelyn fait le film, à la vive satisfaction du metteur en scène qui, plus tard, a reconnu son tort d'avoir hésité.

Ces débuts sont si concluants que, cette fois, c'est le cinéma qui vient à la rencontre de Jocelyn Quivrin. Notamment pour *L'Outremangeur* de Thierry Binisti avec Éric Cantona, puis *Grande École* de Robert Salis, un film qu'il affectionnera plus qu'un autre : sur ce tournage, il découvre Alice Taglioni, celle qu'il va appeler bientôt « sa moitié », et qui lui donnera le bonheur aussi puissant que fugace, hélas, de devenir père d'un petit Charlie. Cette union entre deux êtres si bien assortis n'est-elle pas la preuve vivante que le monde est un mouchoir, et que les beaux esprits finissent toujours par se croiser ?

Si, avant leur rencontre je suivais attentivement leur parcours, notre relation se nourrit désormais, après leur magnifique duo, d'un supplément d'amitié grandissant. On ne se quitta plus vraiment. Le soir, ils passaient à la maison, en coup de vent, ou restaient dîner. Ils m'appelaient affectueusement Ménidruche, voire Druche tout court, et, même si je continuais d'accompagner leur carrière, je veillais, avant tout, sur leur belle et jeune vie.

Mes conseils de casting deviennent donc ceux d'une mamma. J'invite Alice à projeter sa vie personnelle sur un futur que je voudrais dépourvu de mauvaises surprises. J'ai toujours à l'esprit des exhortations à la prudence, guidée par un instinct maternel : mets de l'argent de côté, etc. Pour Jocelyn, j'ai des paroles apaisantes, censées le protéger contre les excès. Ainsi, cette recommandation que je m'entends encore lui dire et qui a été vaine puisqu'il s'est tué en voiture, un jour où il ne roulait même pas vite : « Fais gaffe, ces petits engins sont dangereux... »

*

Nous nous adorons, ils sont heureux, je suis aux anges. D'autant que leur carrière marche de plus en plus fort pour eux deux. Alice fait des bonds de film en film. Bientôt, le rôle principal féminin de *La Doublure* de Francis Veber la met sur l'orbite d'un succès croissant. De son côté, Jocelyn s'engouffre avec bonheur dans la psychologie de personnages qu'on dirait écrits pour lui... comme ce premier rôle aux côtés de Jean Reno dans *L'Empire des loups* de Chris Nahon, en 2005. Je l'entends me dire dans un bel élan d'enthousiasme : « Tu te rends compte, je vais être payé huit cent mille francs ! » Tout de suite, Druche lui conseille de bloquer en banque un tiers de cette rémunération pour payer ses impôts. Hélas, le film ne marcha pas.

En 2007, je reçois un coup de fil de Laurent Boutonnat qui planche sur le casting de *Jacquou le croquant*. Immédiatement, je pense à Jocelyn. Le rendez-vous entre eux deux se passe formidablement bien et, quelque temps plus tard, le même Laurent m'appelle pour lui confier le rôle… du comte de Nansac ! Je considère pour ma part que Jocelyn est beaucoup trop jeune, mais Laurent Boutonnat persiste et signe. Et Jocelyn est ravi, tout frétillant à l'idée de se glisser sous les traits d'un individu qu'un maquillage subtil fait vieillir d'une séquence à l'autre. Puis, il retrouve Daniel Vigne pour le rôle de Louis XIV dans *Jean de La Fontaine* avec Lorànt Deutsch.

Mais c'est avec *99 francs* de Jan Kounen qu'il explose, en s'appropriant la démesure d'un personnage déjanté. Avec ce rôle, il remporte le prix Lumière du meilleur espoir masculin. Il a Jean Dujardin pour co-interprète, avec lequel il se lie d'amitié. Ils aiment tellement rire ensemble ! Jocelyn enchaîne alors les longs-métrages : *Cash* d'Éric Besnard ; *À l'aventure* de Jean-Jacques Brisseau et, bien sûr, *LOL* de Lisa Azuelos avec Sophie Marceau, pour lequel il se montre fier d'être élu – il s'étonne lui-même de pouvoir l'embrasser ! Ce film fait un carton au box-office. En 2009, il tourne dans *Incognito* avec Bénabar et Franck Dubosc et, quelques mois plus tard, il retrouve Nathalie Baye pour le film de Léa Fazer, *Ensemble, c'est trop*. Léa Fazer, choisie comme marraine du petit Charlie, entre dans la famille Quivrin-Taglioni.

Comme il m'apparaît cruel de retracer ainsi les étapes d'une carrière si riche alors que, précisément, elle s'est arrêtée aux prémices de ce qu'elle annonçait ! Jocelyn était heureux de sa filmographie prolifique mais tout aussi fier, par ailleurs, d'avoir travaillé auprès d'Éric Rohmer en 2007, sur *Les Amours d'Astrée et de Céladon*. Le metteur en scène l'impressionnait, l'intimidait, lui jeune comédien qui avait fait des études de cinéma à la fac.

Il s'essayait parallèlement à la réalisation. Il boucla ainsi un premier court-métrage de dix-quinze minutes, intitulé *5 à 7*. Un jour férié où il pleuvait, le 11 novembre 2008, il convoqua tous ses copains au Max-Linder, ceux du métier et les autres, pour une projection. Et tous lui répondirent : « Nous viendrons. » Je le revois, radieux, sous un tonnerre applaudissements à l'issue du film. Comme il savait aimer, et comme on le lui rendait bien ! Cette réciprocité, dans un milieu où la jalousie et la méfiance gangrènent la moindre relation amicale, était véritablement exceptionnelle.

L'année de sa disparition, une cascade de projets l'attendait, dont celui de pouvoir réaliser son premier long-métrage qui devait être produit par ses amis de Mandarin films, Nicolas et Éric Altmeyer. Son exigence se teintait d'une grande générosité. Peu de temps avant son décès, il fut heureux de renouer avec son père, Vincent, homme charmant, discret, qui ne put survivre plus d'une année à la mort de son fils.

*

La mort est rarement belle. Elle est forcément terrible quand elle fauche un homme jeune, si positif et si lumineux. La manière dont on apprend celle d'un être aimé reste toujours gravée dans notre mémoire. C'est une blessure béante, fichée quelque part entre la tête et le cœur. Le matin du 16 novembre 2009, j'entends mon portable sonner. J'allume : il est 6 h 30. Je le laisse s'égosiller, puis je me rendors. Même sonnerie un quart d'heure plus tard, même refus de décrocher. Et il insiste, et je persiste. Chaque fois que j'ouvre l'œil, je me dis : « Ah non, ça ne va pas commencer ! » J'ai la phobie du téléphone tellement il hache mes journées de conversations usantes.

Pas un instant je n'interprète ces coups de fil insistants comme un appel au secours ou un signal d'alarme. À huit heures enfin, j'émerge. J'allume la radio et tombe pile sur un flash qui m'électrocute : « Un jeune acteur français s'est tué hier soir en voiture, Jocelyn Quivrin. » Je colle mes mains sur mes oreilles, je hurle. Je marche comme une folle en faisant le tour de l'appartement. Puis, j'enfile un pantalon et un pull pour foncer chez Alice, que je ne quitterai plus durant plusieurs semaines, voire plusieurs mois.

Putain de camion !, chante Renaud pour évoquer la disparition de Coluche. Putain de tunnel de Saint-Cloud que la petite bombe de Jocelyn est venue percuter la veille au soir, alors qu'il était parfaitement à jeun et qu'il roulait à une vitesse normale ! Et cela, contrairement aux dires de quelques baveux de la presse qui, dès les premières heures, se sont jetés sur un accident de *people* dont ils se seraient régalés qu'il fût glauque… Rien de sensationnel dans cette mort. Un banal accident de la route, au cours duquel Jocelyn a été tué net avant que sa petite Formule 1 sans coquille ne prenne feu.

Putain de *roadster* ? Je savais la passion de Jocelyn pour les engins nerveux. Deux semaines avant l'accident, il se réjouissait à la perspective de recevoir un nouveau bolide en provenance de Belgique. Alors que nous déjeunions tous les deux dans un restaurant japonais, je lui avais fait quelques recommandations qu'il acceptait de bon cœur, lui qui disait toujours m'aimer comme une seconde mère : « Sois prudent, tu es père ; maintenant, tu dois faire attention à toi. » Sa réponse cogne à jamais dans mes tempes : « Maman Druche, il ne m'arrivera jamais rien. »

Il m'est affreux de parler de Jocelyn au passé car les liens qui nous ont unis ont été quasiment filiaux. Il a été mon troisième fils et Alice Taglioni, qui partageait sa vie, est aujourd'hui devenue la fille que je n'ai pas eue. Je suis sa marraine et, depuis la mort de Jocelyn, nous restons très proches l'une de l'autre. Nos relations sont pures, dénuées de tout calcul professionnel. Et à mes yeux, ce joyau n'a pas de prix.

*

La disparition de Jocelyn a fait grand bruit. Elle a fracassé ceux qui l'aimaient depuis toujours, un zeste de famille, des copains d'enfance avec qui il partait toujours en vacances, de vrais copains qui, contrairement à d'autres, continuent de se montrer présents auprès d'Alice. Des amis du métier bien sûr, au chagrin moins durable, sans doute, mais qui, sur le moment, ont été sincèrement effondrés. Même ceux qui ne le côtoyaient pas ont été émus par la disparition d'un acteur lumineux, éprouvant pour lui une sorte de peine à rebours.

Et puis, il y avait moi, qui perdis Jocelyn presque en même temps que mon frère, faisant ainsi connaissance avec le « vrai » chagrin. Cette blessure profonde me protège aujourd'hui, par contraste, de ces faux malheurs que sont les simples contrariétés de la vie quotidienne.

*

Je réserve à Alice Taglioni les dernières lignes de ce chapitre. Belle, simple, racée : Jocelyn l'avait bien choisie. Le jour des obsèques, elle a gardé très droite sa longue silhouette, si élégante dans son petit manteau noir et ses chaussures à bracelet. Sur le parvis de l'église évangélique, elle a fait face à l'épreuve avec dignité, les cheveux ficelés en queue-de-cheval, son fin visage enfoui dans le col roulé de son pull. Elle a accompagné Jocelyn jusqu'à sa dernière demeure avec une tenue exemplaire, remerciant d'un pâle sourire ceux qui venaient au-devant d'elle pour l'embrasser ou lui serrer la main.

Au début, elle a fait comme s'il était parti en tournage et qu'il tardait à rentrer. Puis la fameuse « deuxième mort » est venue frapper à sa porte, celle qui, précisément, apparaît quand on se croit guéri d'un chagrin qui ne fait que commencer.

Par bonheur, le temps pose discrètement son baume sur les peines les plus vives, et Alice rayonne aujourd'hui, dopée par les cris de joie de son petit bonhomme bien vivant, qui grandit dans une troublante réincarnation physique de son père. Le dernier cadeau de Jocelyn…

19

PLAIDOYER POUR UN CASTING RECONNU

Sans casting, pas d'acteurs, sans acteurs, pas de films. Pourtant, les directeurs de casting ne sont pas estimés à leur juste valeur…

L'important, dans un film, n'est-ce pas l'histoire et les acteurs ? Si, en pleine projection, on se surprend à penser : « Tiens, la couleur du mur, là, elle n'est pas terrible… », n'est-ce pas le signe que l'on n'accroche pas à l'histoire ?

Se tromper d'acteurs, c'est trahir le sujet. Une histoire dans laquelle on n'entre pas est souvent mal interprétée. D'où l'importance du casting qui, par le choix qu'il opère en amont du film, donne ou ne donne pas à l'auteur la transcription, à l'écran, de ce qu'il a imaginé sur sa feuille blanche.

Aux États-Unis, en Grande-Bretagne, la signature *Casting by* occupe une place de choix, en amont du générique de début de film, juste sous le nom du metteur en scène. Il n'en va pas de même en France. Même lorsqu'il est indiqué en générique de début, le casting arrive loin derrière la mise en scène, après les décors, les costumes, le montage, le son... Attention : cette signature au premier générique, celui qui précède le film, n'est pas systématique. Elle dépend du bon vouloir du producteur et du metteur en scène. Pour ma part, je l'obtiens très souvent.

À la télévision, en revanche, la réalisation du casting se trouve systématiquement reléguée au second générique de fin de film, en bout de dérouleur, parfois même après la costumière et la maquilleuse ! J'ai connu quelques rarissimes exceptions à cette pratique, hélas bien ancrée dans les us et coutumes des chaînes de télévision. L'une d'entre elles, récente, porte un nom : Dominique Antoine, une productrice de TV. Alors que nous venions de boucler un téléfilm de deux fois soixante minutes, intitulé *Le vernis craque*, un très joli sujet réalisé par Daniel Janneau, en 2011, sur le thème de la peinture impressionniste, elle a insisté pour que mon nom soit au générique de début, tant elle jugeait le casting primordial et formidable. Elle s'est carrément battue auprès de France Télévision qui ne voulait rien entendre. Et elle a obtenu gain de cause.

Dans notre pays, un directeur de casting n'est pas rémunéré à la hauteur de sa mission, avec seulement mille cinq cents euros brut par semaine de travail, pour une durée globale d'environ quatre semaines par film. En ce qui me concerne, je tire mon épingle du jeu grâce aux dix-huit films que je boucle chaque année. Au plus fort de mon activité, je me souviens avoir travaillé sur six films en même temps ! Et là, vraiment, je menais une existence cauchemardesque. Mais, en retour, je touchais six fois mille cinq cents... Bien entendu, cette somme n'est pas un tarif syndical, mais je constate que la concurrence est rude et que l'expérience dont je bénéficie, doublée d'un formidable carnet d'adresses, ne se traduit pas forcément par une montée en flèche des factures de ma SARL !

Ceci est fondamentalement injuste et critiquable. Quel artiste, quel acteur, quel réalisateur de renom accepterait de voir ses cachets stagner ? Ce livre me donne là l'occasion de dénoncer cette fâcheuse tendance. Il suffit d'ailleurs de franchir le *Channel* pour constater que mes comparses britanniques bénéficient d'une tout autre approche de leur métier. Ils sont deux fois mieux payés et nommés « à l'américaine », systématiquement en début de générique !

Je suis la présidente de l'ARDA (Association des responsables de directeurs artistiques) et peux, à ce titre, témoigner d'une autre aberration : les directeurs de casting payés en salaire apparaissent, sur leur fiche de paie, sous la qualification de « premier assistant » ou de « régisseur général ». Autrement dit, d'un point de vue strictement administratif, leur profession n'existe pas...

*

Mais dissipons un éventuel malentendu : ces considérations ne traduisent en aucun cas des propos de femme aigrie. Je suis née sous une bonne étoile, j'adore mon métier et, dans les moments de stress, je me dis : n'oublie pas que tu pourrais être secrétaire dans une boîte de *caterpillars* ! Et j'ai bien conscience de cette culture à laquelle j'ai pu accéder grâce à toutes ces lectures de scénarios et de pièces de théâtre. Une culture peut-être plus enrichissante encore que celle qu'il ne m'a pas été donné d'acquérir sur les bancs d'une fac !

C'est parce que j'aime cet univers du casting que je plaide aujourd'hui pour sa reconnaissance.

En ce qui me concerne, d'ailleurs, je n'ai pas dit mon dernier mot tant que je garde intacte mon « envie d'avoir envie », comme le chante Johnny. J'ai désormais passé le stade des castings alimentaires, ceux qui consistent à distribuer vingt-cinq petits rôles en trois semaines ! Cette profession doit, à mes yeux, conserver sa fibre artistique.

C'est cette orientation-là qui m'intéresse. Je souhaite, pour l'avenir, évoluer vers une mission de consultant artistique. Et je m'emploie plus que jamais à dessiner une véritable analyse des personnages à distribuer. C'est surtout vrai quand il s'agit de proposer des acteurs à un réalisateur qui n'est pas l'auteur du film. Il n'a pas écrit l'histoire, mais il doit la traduire à l'écran.

La valeur ajoutée que j'entends apporter – et que j'apporte déjà, dans nombre de castings – repose sur cette transposition cinématographique du texte. J'ai la chance de posséder la capacité de « lire en images ». Pour moi, les mots deviennent des photos et les figures des comédiens que je vais proposer affluent dans ma tête dès ma seconde lecture, celle qui suit la simple découverte de l'histoire. Si l'héroïne est une femme en souffrance, je verrai tel type de physique, qui, d'emblée, exprime cette fermeture ; si c'est une petite femme flic qu'il faut trouver, et qu'elle doit péter de vie, je vais voir la frimousse, le corps tout en muscles qu'elle devra posséder. Rien à voir avec ces « propositions de stars » qui sortent de la bouche de ces incompétents qui croient faire du casting en lâchant au pif des noms d'acteurs connus !

*

Je crains que cette plaidoirie ne paraisse trop insistante ! Place donc aux derniers mots que je souhaite écrire en *happy end* de ce livre. Quand on l'exerce dans toute sa dimension affective, le casting est absolument un métier créatif, peuplé d'aventures et de surprises. Je lui dois mes plus belles rencontres, mes plus belles amitiés. Une vie hors norme. Celle dont je rêvais. J'espère l'avoir prouvé dans ce livre.

MES PRINCIPAUX CASTINGS

(Les années retenues sont celles de mes castings)

1976
Premier casting pour les chaussures Eram, réalisé par Georges Lautner avec Marie-Anne Chazel, Josiane Balasko, Michel Blanc.

De 1976 à 1980
Environ trois cents films publicitaires avec, entre autres, comme réalisateurs : Jean-Paul Rappeneau, Jean-Jacques Annaud, Maurice Pialat.

1978
La Frisée aux lardons, premier casting de long-métrage d'Alain Jaspard avec Michel Aumont et Bernadette Lafont.

Principaux films parmi les 415 castings réalisés à ce jour :

1979
Deux lions au soleil de Claude Faraldo avec Jean-François Stévenin et Jean-Pierre Sentier.

Je vais craquer de François Leterrier avec Nathalie Baye et Christian Clavier.

1980
La Boum de Claude Pinoteau avec Brigitte Fossey, Claude Brasseur et Sophie Marceau.

1981
Le Choc de Robin Davis avec Catherine Deneuve et Alain Delon.

1983
Les Compères de Francis Veber avec Gérard Depardieu et Pierre Richard.

Papy fait de la résistance de Jean-Marie Poiré avec Gérard Jugnot, Christian Clavier, Martin Lamotte, Michel Galabru, Jacques Villeret, Josiane Balasko, Roland Giraud, Dominique Lavanant.

P'tit con de Gérard Lauzier avec Guy Marchand et Caroline Cellier.

Pinot simple flic de Gérard Jugnot avec Gérard Jugnot.

1984
La Tête dans le sac de Gérard Lauzier avec Guy Marchand.

Marche à l'ombre de Michel Blanc avec Gérard Lanvin et Michel Blanc.

La 7e Cible de Claude Pinoteau avec Lino Ventura et Léa Massari.

Tranches de vie de François Leterrier avec Michel Boujenah, Jean-Pierre Cassel, Christian Clavier et Jean-Pierre Darroussin.

Une femme ou deux de Daniel Vigne avec Gérard Depardieu et Sigourney Weaver.

Les Spécialistes de Patrice Leconte avec Gérard Lanvin et Bernard Giraudeau.

Sacrifice d'Andreï Tarkosky avec Gudrun Gisladottir et Sven Wollter.

1985

Le Mariage du siècle de Philippe Galland avec Thierry Lhermitte et Anémone.

L'Été 36 d'Yves Robert avec Christian Clavier et Jacques Gamblin.

Zone rouge de Robert Enrico avec Sabine Azéma et Richard Anconina.

Le Débutant de Daniel Janneau avec Francis Perrin et Dominique Lavanant.

La Femme de ma vie de Régis Wargnier avec Christophe Malavoy, Jean-Louis Trintignant et Jane Birkin.

1986

Le Maître de musique de Gérard Corbiau avec José Van Dam.

Les Fugitifs de Francis Veber avec Gérard Depardieu et Pierre Richard.

Soigne ta droite de Jean-Luc Godart avec Jacques Villeret, Jane Birkin, Dominique Lavanant.

L'Île de François Leterrier avec Bruno Cremer.

1987
Napoléon et Joséphine de Richard T. Heffron avec Armand Assante et Jacqueline Bisset.

1988
L'Étudiante de Claude Pinoteau avec Sophie Marceau et Vincent Lindon.

La Soule de Michel Sibra avec Richard Bohringer et Christophe Malavoy.

Mes meilleurs copains de Jean-Marie Poiré avec Christian Clavier, Gérard Lanvin, Jean-Pierre Bacri et Jean-Pierre Darroussin.

Les Mannequins d'osier de Francis de Gueltzl avec Robin Renucci et Irène Jacob.

Condorcet de Michel Soutter avec Pierre Arditi et Daniel Gélin.

King of the olympics de Lee Philipps avec David Selby et Renée Soutendijk.

Les Liaisons dangereuses de Stephen Frears avec Glenn Close, John Malkovich, Michelle Pfeiffer, Uma Thurman, Keanu Reeves.

1989

Dédé de Jean-Louis Benoit avec Hélène Vincent et Didier Bezace.

Plaisir d'amour de Nelly Kaplan avec Pierre Arditi et Françoise Fabian.

Les Belles Américaines de Carol Wiseman avec Joanna Cassidy et Lara Flynn Boyle.

Le Soulier magique de Tom Clegg avec Rob Lowe et Jennifer Grey.

The free frenchman de Jim Goddard.

1990

La Neige et le feu de Claude Pinoteau avec Vincent Perez et Géraldine Pailhas.

Léon Morin prêtre de Pierre Boutron avec Robin Renucci.

L'Opération Corned Beef de Jean-Marie Poiré avec Jean Reno, Christian Clavier et Isabelle Renauld.

Veraz de Xavier Castano avec Kirk Douglas.

Mon père ce héros de Gérard Lauzier avec Gérard Depardieu et Marie Gillain.

Sweet Revenge de Charlotte Brändström avec Rosanna Arquette et Carrie Fischer.

Docteur Petiot de Christian de Chalonge avec Michel Serrault.

1991

Le Voleur d'enfants de Christian de Chalonge avec Marcello Mastroianni, Angela Molina et Michel Piccoli.

Le Zèbre de Jean Poiret avec Thierry Lhermitte et Caroline Cellier.

Un amour de banquier de Ian Toynton avec Martin Sheen et Jacqueline Bisset.

Road to Ruin de Charlotte Brändström avec Peter Weller et Carey Lowell.

Un drôle de méli-mélo de Baz Taylor avec C. Thomas Howell et Ally Sheedy.

Impromptu de James Lapine avec Judith Davis et Hugh Grant.

1992

Pétain de Jean Marboeuf avec Jacques Dufilho, Jean Yanne et Jean-Pierre Cassel.

L'Inconnu dans la maison de Georges Lautner avec Jean-Paul Belmondo et Cristiana Reali.

Les Visiteurs de Jean-Marie Poiré avec Jean Reno, Christian Clavier et Valérie Lemercier.

Le Nombril du monde d'Ariel Zeitoun avec Michel Boujenah et Thomas Langmann.

Voices in the garden de Pierre Boutron avec Anouk Aimée.

L'Affaire Seznec d'Yves Boisset avec Christophe Malavoy.

Lunes de fiel de Roman Polanski avec Peter Coyote, Emmanuelle Seigner, Hugh Grant et Kristin Scott Thomas.

L'Ambassade en folie de Baz Taylor avec Judge Reinhold.

1993
Toxic Affair de Philomène Esposito avec Isabelle Adjani, Fabrice Luchini et Michel Blanc.

La Vengeance d'une blonde de Jeannot Szwarc avec Christian Clavier, Clémentine Célarié, Marie-Anne Chazel et Thierry Lhermitte.

D'une femme à l'autre de Charlotte Brändström avec Christopher Walken, Carole Bouquet et Jonathan Pryce.

Les Ténors de Francis de Gueltzl avec Claude Brasseur et Martin Lamotte.

Grosse fatigue de Michel Blanc avec Michel Blanc et Carole Bouquet.

Le Nouveau Monde d'Alain Corneau avec Nicolas Chatel, Sarah Grappin et Alicia Silverstone.

Face the music de Carol Wiseman avec Patrick Dempsey.

1994
Les Caprices d'un fleuve de Bernard Giraudeau avec Richard Bohringer, Bernard Giraudeau et Thierry Frémont.

Les Anges Gardiens de Jean-Marie Poiré avec Gérard Depardieu et Christian Clavier.

Fiesta de Pierre Boutron avec Jean-Louis Trintignant, Marc Lavoine, Jocelyn Quivrin et Laurent Terzieff.

Le Jaguar de Francis Veber avec Jean Reno et Patrick Bruel.

1995
Fantôme avec chauffeur de Gérard Oury avec Gérard Jugnot et Philippe Noiret.

Les Victimes de Patrick Grandperret avec Jacques Dutronc, Gérard Darmon et Vincent Lindon.

1996

Le Plus Beau Métier du monde de Gérard Lauzier avec Gérard Depardieu.

C'est pour la bonne cause de Jacques Fansten avec Dominique Blanc et Antoine de Caunes.

Le Comédien de Christian de Chalonge avec Michel Serrault.

Messieurs les enfants de Pierre Boutron avec Pierre Arditi et François Morel.

Marthe de Jean-Loup Hubert avec Clotilde Courau et Guillaume Depardieu.

Les Palmes de monsieur Schutz de Claude Pinoteau avec Isabelle Huppert et Philippe Noiret.

1997

Les Visiteurs 2 de Jean-Marie Poiré avec Jean Reno, Christian Clavier et Muriel Robin.

St. Ives de Harry Hook avec Jean-Marc Barr, Miranda Richardson et Richard E. Grant.

L'Homme est une femme comme les autres de Jean-Jacques Zilbermann avec Elsa Zylberstein et Antoine de Caunes.

Hors-jeu de Karim Dridi avec Rossy de Palma, Patrick Bruel et Clotilde Courau.

Le Dîner de cons de Francis Veber avec Jacques Villeret, Thierry Lhermitte et Daniel Prévost.

Cuisine américaine de Jean-Yves Pitoun avec Jason Lee, Eddy Mitchell.

Une journée de merde de Miguel Courtois avec Richard Berry et Anne Brochet.

1998

De gré ou de force de Fabrice Cazeneuve avec Philippe Duclos et Julien Boisselier.

Tous ensemble de Bertrand Arthuys avec Nada Stancar et Isabelle Leprince.

Salsa de Joyce Buñuel avec Michel Aumont.

Le Fils du Français de Gérard Lauzier avec Fanny Ardant et Josiane Balasko.

1999

Un ange de Miguel Courtois avec Richard Berry et Elsa Zylberstein.

Deuxième vie de Patrick Braoudé avec Maria de Medeiros, Gad Elmaleh, Elie Semoun et Thierry Lhermitte.

La Vérité vraie de Fabrice Cazeneuve avec Béatrice Dalle.

Meilleur espoir féminin de Gérard Jugnot avec Bérénice Bejo et Gérard Jugnot.

Le Prof d'Alexandre Jardin avec Jean-Hugues Anglade, Yvan Attal et Jocelyn Quivrin.

Le Roman de Lulu de Pierre-Olivier Scotto avec Thierry Lhermitte et Claire Keim.

Mauvaise passe de Michel Blanc avec Daniel Auteuil et Stuart Townsend.

2000

Le Placard de Francis Veber avec Daniel Auteuil, Gérard Depardieu, Thierry Lhermitte et Michèle Laroque.

Rastignac d'Alain Tasma avec Jocelyn Quivrin.

La Dette de Fabrice Cazeneuve avec André Dussollier.

D'Artagnan de Peter Hyams avec Catherine Deneuve et Tim Roth.

Agathe et le grand magasin de Bertrand Arthuys avec Miou-Miou.

Le Boulet d'Alain Berberian avec Gérard Lanvin, Benoit Poelvoorde et José Garcia.

2001

Monsieur Batignole de Gérard Jugnot avec Gérard Jugnot, Jean-Paul Rouve.

Napoléon d'Yves Simoneau avec Christian Clavier, John Malcovich, Isabella Rossellini et Gérard Depardieu.

Embrassez qui vous voulez de Michel Blanc avec Charlotte Rampling, Jacques Dutronc, Carole Bouquet, Gaspard Ulliel et Mélanie Laurent.

Gangsters d'Olivier Marchal avec Richard Anconina et Anne Parillaud.

Callas forever de Franco Zeffirelli avec Fanny Ardant et Jeremy Irons.

3 zéros de Fabien Onteniente avec Gérard Lanvin, Samuel Le Bihan et Lorànt Deutsch.

L'Enfant des lumières de Daniel Vigne avec Nathalie Baye et Jocelyn Quivrin.

Le Pharmacien de garde de Jean Veber avec Vincent Pérez et Guillaume Depardieu.

Lisa de Pierre Grimblat avec Marion Cotillard.

2002

Une Ferrari pour deux de Charlotte Brändström avec Pierre Arditi et Bernard Le Coq.

Volpone de Frédéric Auburtin avec Gérard Depardieu, Daniel Prévost et Gérard Jugnot.

Les Thibault de Jean-Daniel Verhaeghe avec Jean Yanne.

Le Papillon de Philippe Muyl avec Michel Serrault.

Tais-toi de Francis Veber avec Gérard Depardieu et Jean Reno.

L'Affaire Dominici de Pierre Boutron avec Michel Serrault et Michel Blanc.

Nouvelle France d'Yves Simoneau avec Gérard Depardieu et Irène Jacob.

Les Clefs de bagnole de Laurent Baffie avec Daniel Russo, Pascal Sellem.

2003

Les Fautes d'orthographe de Jean-Jacques Zilbermann avec Carole Bouquet et Olivier Gourmet.

Le Voyageur sans bagage de Pierre Boutron avec Jacques Gamblin et Micheline Presle.

People de Fabien Onteniente avec Ruppert Everett et José Garcia.

La Vraie Vie des Dalton de Philippe Haîm avec Eric et Ramzy.

Le Silence de la mer de Pierre Boutron avec Michel Galabru, Thomas Jouannet et Julie Delarme.

2004

Les Sœurs fâchées d'Alexandra Leclère avec Isabelle Huppert et Catherine Frot.

Mon ange de Serge Frydman avec Vanessa Paradis.

Galilée ou l'amour de Dieu de Jean-Daniel Verhaeghe avec Claude Rich et Jean-Pierre Marielle.

Boudu de Gérard Jugnot avec Gérard Depardieu, Gérard Jugnot et Catherine Frot.

Il ne faut jurer de rien ! d'Eric Civanyan avec Jean Dujardin, Mélanie Doutey et Gérard Jugnot.

2005

Le Cri d'Hervé Baslé avec Dominique Blanc et Catherine Jacob.

La Doublure de Francis Veber avec Gad Elmaleh, Alice Taglioni et Dany Boon.

L'Anniversaire de Diane Kurys avec Lambert Wilson, Michèle Laroque, Jean-Hugues Anglade et Pierre Palmade.

Landru de Pierre Boutron avec Patrick Timsit.

Le Doux Pays de mon enfance de Jacques Renard avec Daniel Russo.

L'Affaire Ranucci de Denys Granier-Deferre avec Catherine Frot.

Le Procès de Bobigny de François Luciani avec Sandrine Bonnaire.

Vive la bombe de Jean-Pierre Sinapi avec Bernard Le Coq.

L'Île aux trésors d'Alain Berberian avec Alice Taglioni et Gérard Jugnot.

2006

Les Aventuriers des mers du Sud de Daniel Vigne avec Stéphane Freiss, Jane Birkin et Géraldine Chaplin.

Monsieur Léon de Pierre Boutron avec Michel Serrault.

The Pink Panther de Shawn Levy avec Steve Martin, Jean Reno et Kevin Kline.

Le Prix à payer d'Alexandra Leclère avec Nathalie Baye, Christian Clavier, Gérard Lanvin et Géraldine Pailhas.

L'Avare de Christian de Chalonge avec Michel Serrault.

Hell de Bruno Chiche avec Sara Forestier et Nicolas Duvauchelle.

2007

Ça se soigne ? de Laurent Chouchan avec Thierry Lhermitte et Julie Ferrier.

Il y a longtemps que je t'aime de Philippe Claudel avec Kristin Scott Thomas et Elsa Zylberstein.

The Good Heart de Dagur Kari avec Brian Cox.

The french film de Jackie Oudney avec Éric Cantona.

J.C.V.D. de Mabrouk el Mechri avec Jean-Claude Van Damme.

15 ans et demi de François Desagnat et Thomas Sorriaux avec Daniel Auteuil.

Ali Baba de Pierre Aknine avec Gérard Jugnot.

La Commune de Philippe Triboit avec Tomer Sisley.

L'Affaire de Bruay-en-Artois de Charlotte Brandström avec Bernard Le Coq et Tcheky Karyo.

3 amis de Michel Boujenah avec Mathilde Seigner, Pascal Elbé et Kad Mérad.

Jacquou le Croquant de Laurent Boutonnat avec Gaspard Ulliel, Jocelyn Quivrin, Albert Dupontel, Marie-Josée Croze, Tcheky Karyo et Olivier Gourmet.

Le Clan Pasquier de Jean-Daniel Verhaeghe avec Bernard Le Coq, Valérie Kaprisky et Raphaël Personnaz.

2008

Rose et noir de Gérard Jugnot avec Bernard Le Coq, Gérard Jugnot et Saida Jawad.

L'Emmerdeur de Francis Veber avec Richard Berry et Patrick Timsit.

L'Incroyable Histoire d'amour de Simon Eskenazi de Jean-Jacques Zilbermann avec Antoine de Caunes, Elsa Zylberstein et Judith Magre.

La Sainte Victoire de François Favrat avec Christian Clavier, Clovis Cornillac et Sami Bouajila.

Henri IV de Jo Baier avec Julien Boisselier.

L'abolition de Jean-Daniel Verhaeghe avec Charles Berling et Gérard Depardieu.

La Reine et le cardinal de Marc Rivière avec Philippe Torreton et Alessandra Martines.

2009

Nous trois de Renaud Bertrand avec Emmanuelle Béart et Jacques Gamblin.

Imogène McCarthery de Franck Magnier et Alexandre Charcot avec Catherine Frot et Lambert Wilson.

Fatal de Michaël Youn avec Michaël Youn et Stéphane Rousseau.

Le Pain du diable de Bertrand Arthuys avec Aurélien Recoing et Samuel Labarthe.

Mademoiselle Drot de Christian Faure avec Louise Monot et Mélanie Bernier.

2010

Comment va la douleur ? de François Marthouret avec Bernard Le Coq.

Tous les soleils de Philippe Claudel avec Stefano Accorsi et Neri Marcoré.

La conquête de Xavier Durringer avec Denys Podalydès, Florence Pernel et Samuel Labarthe.

Un jour mon père viendra de Martin Valente avec Gérard Jugnot et François Berléand.

L'Hiver rouge de Xavier Durringer avec Patrick Chesnais, Jane Birkin et Camille Panonacle.

On ne choisit pas sa famille de Christian Clavier avec Jean Reno, Muriel Robin, Christian Clavier et Helena Noguerra.

Plan de table de Christelle Raynal avec Franck Dubosc, Elsa Zylberstein, Arié Elmaleh et Audrey Lamy.

2011

Le Désert de l'amour de Jean-Daniel Verhaeghe avec Emmanuelle Béart.

Merlin de Stéphane Kappes avec Gérard Jugnot, Marilou Berry et Michel Vuillermoz.

Interdits d'enfants de Jacques Renard avec Pierre Cassignard.

Amitiés sincères de François Prévôt-Leygonie et Stéphane Archinard avec Gérard Lanvin, Jean-Hugues Anglade, Wladimir Yordanoff et Zabou Breitman.

Maman d'Alexandra Leclère avec Josiane Balasko, Mathilde Seigner et Marina Foïs.

Qu'est-ce qu'on va faire de toi de Jean-Daniel Verhaeghe avec Simon Abkarian.

REMERCIEMENTS

À Mathilde Vitry sans qui ce livre n'aurait jamais existé.

À mon compagnon, Vincent Jouan, qui m'élève chaque jour par son soutien indéfectible.

TABLE

Mise en pages
PCA
44400 Rezé

CET OUVRAGE
A ÉTÉ ACHEVÉ D'IMPRIMER
SUR CAMERON
PAR L'IMPRIMERIE NIIAG
À BERGAME (ITALIE)
EN JANVIER 2012

N° d'édition : L.01EUCN000355.N001
Dépôt légal : février 2012